道路桥梁施工技术与管理

郭瑞东　姚佳禹　张志双◎著

中国建材工业出版社

北　京

图书在版编目（CIP）数据

道路桥梁施工技术与管理/郭瑞东，姚佳禹，张志双著. --北京：中国建材工业出版社，2024.5

ISBN 978-7-5160-4070-6

Ⅰ.①道… Ⅱ.①郭… ②姚… ③张… Ⅲ.①道路施工②桥梁施工 Ⅳ.①U415②U445

中国国家版本馆 CIP 数据核字(2024)第 048355 号

内 容 简 介

本书主要研究道路桥梁施工技术与管理，从道路桥梁施工基础理论介绍入手，针对路基施工技术、桥梁基础与下部结构施工技术、桥梁上部结构施工技术进行了分析研究；另外对道路桥梁施工组织管理、道路桥梁养护管理做了一定的介绍，旨在为提高我国道路施工水平提供理论上的指导。本书可作为高等院校道路桥梁与渡河工程等相关专业的参考用书，也可作为建筑工程技术人员的培训参考书籍或自学用书，也可供从事道路建设的技术人员和管理人员参考。

道路桥梁施工技术与管理

DAOLU QIAOLIANG SHIGONG JISHU YU GUANLI

郭瑞东　姚佳禹　张志双　著

出版发行：中国建材工业出版社

地　　址：北京市西城区白纸坊东街2号院6号楼

邮政编码：100054

经　　销：全国各地新华书店

印　　刷：北京四海锦诚印刷技术有限公司

开　　本：787mm×1092mm　1/16

印　　张：8.5

字　　数：160 千字

版　　次：2024 年 5 月第 1 版

印　　次：2024 年 5 月第 1 次

定　　价：88.00 元

本社网址：www.jccbs.com，微信公众号：zgjcgycbs

请选用正版图书，采购、销售盗版图书属违法行为

前　言

道路桥梁工程建设环节复杂烦琐，其作为我国基础设施建设的重要组成部分，在施工过程中施工技术及施工技术人员的技术水平对工程质量有着重要的影响。在经济的不断发展中，我国为了增加城市之间的联系，促进经济的发展壮大，开始大量建设道路桥梁。但是在新时代下建筑行业的竞争越来越激烈，因此，如何提升施工技术、保障道路桥梁项目的整体质量，已然成为现阶段建筑行业内首要关注的问题。

为了最大限度发挥道路桥梁的使用期限，应规范各个施工环节，杜绝出现偷工减料的情况。在构建完善的工程管理体系和规章制度体系的同时，还应该进一步规范工程的操作流程。施工单位必须结合具体施工情况选择相应的施工技术，认真对待每一个环节，全面掌握施工技术要点，对施工过程中的难点进行详细分析，并采取科学、有效的应对措施给予解决。

本书主要研究道路桥梁施工技术与管理，从路基施工技术介绍入手，针对填方路基施工技术、挖方路基施工技术、路基坡面防护施工技术进行了分析研究；另外对桥梁基础与下部结构施工技术、桥梁上部结构施工技术做了一定的介绍；最后剖析了道路桥梁施工组织管理、道路桥梁养护管理等内容，为提高我国道路施工水平提供理论上的指导。本书可作为高等院校道路桥梁与渡河工程等相关专业的参考用书，也可作为建筑工程技术人员的培训参考书籍或自学用书，还可供从事道路建设的技术人员和管理人员参考。

在本书的策划和写作过程中，参阅了国内外相关的大量文献和资料，从中得到启示；同时也得到了有关领导、同事、朋友及学生的大力支持与帮助。在此致以衷心的感谢。本书的选材和写作还有一些不尽如人意的地方，加上作者学识水平和时间所限，难免存在不足，敬请同行专家及读者指正，以便进一步完善提高。

著　者

2023 年 12 月

前言

目　录

第一章　路基施工技术

第一节　填方路基施工技术

一、路基工程概述

路基工程作为整个公路工程的重要组成部分，也是路面工程的主要承载体，直接影响公路的稳定性、路面的平整度和耐久性。

公路路基施工具有复杂性和唯一性，且容易受自然条件和地质条件的影响。近年来，公路路基施工质量事故屡见不鲜，保证路基工程施工质量有利于提高整个公路工程的施工质量，保证路面施工的顺利进行，防止因路基出现质量问题而发生返工，从而保证按照进度计划顺利完成公路工程施工任务。

所以必须强化施工技术和施工质量的管理措施，把路基施工作为高速公路建设过程中的重点对象，进行有效的控制，以提高路基施工水平，保证路基质量，进而保证整个公路工程质量。

路基施工质量差、施工过程不规范会直接导致路基工后发生过大的差异化沉降、开裂、塌方等质量事故，给人民财产及生命安全构成重大威胁。

每一个公路路基建设人员均应牢记建设使命，不负广大人民的重托，切实提高路基规范化施工意识，加强施工质量管理，完善工作责任制度，全面落实公路工程施工技术规范及验收标准，将建设优质工程作为一切工作的中心。

（一）公路路基的类型及构造

通常根据公路路线设计确定的路基高程与天然地面高程是不同的，路基设计高程高于天然地面高程时，需进行填筑；路基设计高程低于天然地面高程时，需进行挖掘。由于填挖情况的不同，路基横断面的典型形式有路堤、路堑和填挖结合 3 种类型。

路基横断面横向由行车道、中间带、硬路肩和土路肩组成，各部分的宽度与道路等级、设计行车速度等有关。公路工程路基设计时根据规范选用不同的数值。

路基横断面竖向由路面和狭义的路基组成，路面以下部分的路基根据材料和使用要求又可分为上路床、下路床、上路堤和下路堤。

（二）公路路基施工图识读

公路路基施工图一般有路基标准横断面图、路基设计通用图、路基横断面设计图 3 种主要类型。其中，路基标准横断面图是对路基整体设计及各功能区的全景展示；路基设计通用图是在路基标准横断面图的基础上对全线不同类型的路基进行分类后，在设计范围内使用的通用图；路基横断面设计图是对线路上某个具体的里程断面处路基的设计高程及几何尺寸进行的详细标识。

二、路基填筑方案

（一）填筑方法

路基填筑的常规方法有水平分层填筑、纵向分层填筑、横向填筑及联合填筑。其中，水平分层填筑是应用最广且施工质量最好的一种方法，高速公路、一级公路及铺设高级路面的其他等级公路的路基填筑均应采用水平分层填筑法施工。

（二）填筑的一般要求

①性质不同的填料应水平分层、分段填筑，分层压实。同一水平层路基的全宽应采用同一种填料，不得混合填筑。每种填料填筑层压实后的连续厚度不宜小于 500mm。填筑路床顶最后一层时，压实后的厚度应不小于 100mm。

②对潮湿或冻融敏感性小的填料应填筑在路基上层。强度较小的填料应填筑在路基下层。在有地下水的路段或临水路基范围内宜填筑透水性好的填料。

③在透水性不好的压实层上填筑透水性较好的填料前，应在其表面设 2%～4%双向横坡并采取相应的防水措施。不得在由透水性较好的填料所填筑的路堤边坡上覆盖透水性不好的填料。

④每种填料的松铺厚度应通过试验路段获得，一般系数为 1.3。

⑤每一填筑层压实后的宽度不得小于设计宽度。

⑥路堤填筑时应从最低处分层填筑，逐层压实；当原地面纵坡大于 12%或横坡陡于 1∶5时，应按设计要求挖台阶或设置坡度向内并大于 4%、宽度大于 2m 的台阶。

⑦填方分几个作业段施工时，接头部位如不能交替填筑，则先填路段，应按 1∶1 坡

度分层留台阶；如能交替填筑，则应分层相互交替搭接，搭接长度不小于2m。

三、路基填筑试验路段

下列情况下应进行试验路段施工：①二级及以上公路路堤。②填石路堤、土石路堤。③特殊地段路堤。④特殊填料路堤。⑤拟采用新技术、新工艺、新材料的路基。

试验路段应选择在地质条件、断面形式等工程特点具有代表性的地段，路段长度不宜小于100m，以确定路基预沉留量、路基宽度内每层填料的松铺厚度、合适的压实方式及机械组合、确定压实遍数等。试验结束后应进行技术总结并形成成果报告。该成果报告应包括以下内容：①填料试验、检测报告等。②施工测量成果。③压实工艺主要参数（机械组合、压实机械规格、松铺厚度、碾压遍数、碾压速度、最佳含水量及碾压时含水量允许偏差等）。④过程质量控制方法、指标。⑤质量评价指标、标准。⑥优化后的施工组织方案及工艺。⑦原始记录、过程记录。⑧对施工设计图的修改建议等。

四、土质路堤施工技术

（一）施工准备

①路基开工前应在全面理解设计要求和设计交底的基础上进行现场调查和核对。

②在详尽的现场调查后，应根据设计要求、合同、现场情况等编制实施性施工组织设计，并按管理规定报批。

③路基开工前必须建立健全质量、环保、安全管理体系和质量检测体系，并对各类施工人员进行岗位培训和技术、安全交底。

④临时工程应满足正常施工需要，应保证路基施工影响范围内原有道路、结构物及农田水利等设施的使用功能。

（二）测量放样

①路基施工前应对原地面进行复测，核对或补充横断面，发现问题时应进行处理。

②路基施工前按设计逐桩坐标恢复路线中桩，计算坡脚位置并在两侧各加宽30~50cm撒出路基边线，作为填土边缘控制线。同时应设置标识桩，对路基用地界、路堤坡脚、取土坑、护坡道、弃土堆等具体位置进行标识。

③对高填路段，每填3~5m或一个边坡平台应复测中线和断面。

④施工过程中应保护好所有控制桩点，并及时恢复被破坏的桩点。每项测量成果必须

进行复核，原始记录应存档。

（三）原地面处理

路基范围内的原地面应在路基施工前按下列要求进行处理：

①稳定的斜坡上，地面横坡缓于1∶5时，清除地表草皮、腐殖土后可直接填筑路堤；地面横坡为1∶5~1∶2.5时，原地面应挖台阶，台阶宽度不应小于2 m。当基岩面上的覆盖层较薄时，宜先清除覆盖层再挖台阶；当覆盖层较厚且稳定时，可予保留。

②陡坡地段、土石混合地基、填挖界面、高填方地基等都应按设计要求进行处理。

③地基表层应碾压密实。对于一般土质地段，高速公路、一级公路和二级公路路堤基底的压实度（重型）不应小于90%，三、四级公路不应小于85%。低路堤应对地基表层土进行超挖、分层回填压实，其处理深度不应小于路床深度。

④原地面坑、洞、穴等应在清除沉积物后，用合格填料分层回填、分层压实，压实度符合规定。

⑤对于泉眼或露头地下水，应按设计要求采取有效导排措施后方可填筑路堤。

⑥地基为耕地、土质松散、水稻田、湖塘、软土、高液限土等时，应按设计要求进行处理，局部软弹部分也应采取有效的处理措施。

⑦地下水位较高时，应按设计要求进行处理。

（四）填料的选择

公路路基填料首先应满足路基强度和回弹模量的要求，其次应结合土石方调配设计对移挖作填、集中取（弃）土、填料改良处理等方案进行技术经济比较，充分利用挖方材料，节约土地，选择挖取方便、压实容易、强度高、水稳定性好的土体作为路基填料。

①宜优先选用级配较好的砾类土、砂类土等粗粒土作为填料，填料的最大粒径应符合规定。

②含草皮、生活垃圾、树根的土及腐殖土严禁作为填料。

③泥炭、淤泥、冻土、强膨胀土、有机质土及易溶盐超过允许含量的土，不得直接用于填筑路基；确需使用时，必须采取技术措施进行处理，经检验满足设计要求后方可使用。

④液限大于50%、塑性指数大于26、含水量不适宜直接压实的细粒土，不得直接作为路堤填料；需要使用时必须采取技术措施进行处理，经检验满足设计要求后方可使用。

⑤粉质土不宜直接填筑于路床，不得直接填筑于冰冻地区的路床及浸水部分的路堤。

⑥浸水路堤、桥涵台背和挡土墙背宜采用渗水性良好的填料。在渗水材料缺乏的地区，采用细粒土填筑时，可采用无机结合料进行稳定处置。

（五）土方运输

土方运输采用挖掘机装车，自卸车运输。为防止运输途中水分散失、扬尘及遗撒，应对运输车辆进行覆盖，并及时对便道进行洒水，减少环境污染。

（六）路基分层摊铺

路基分层摊铺须严格按照“划格上土，挂线施工，平地机整平”的原则来进行。

①放线和标高控制。沿线路方向每 20m 采用全站仪放出线路中桩和填筑边线（宽度按设计宽度每侧加宽 30~50cm），用石灰或旗杆进行标识。用水准仪测出该层填铺厚度控制桩的标高，在路基两侧边缘沿纵向每 20m 打一长 70cm 边桩，并用红白漆每隔 10cm 交错标注，按设定的松铺厚度挂线，以控制标高。

②画网格，控制松铺厚度。根据运输车每车的方量和设定的松铺厚度，通过计算确定单车的卸土面积，按照卸土面积用石灰在下承层上画网格，以便运输车辆按照顺序倾倒填料。

③上料。运输车辆到达现场后，由现场施工员进行指挥，严格按照标识卸放，每网格内倾倒 1 车填料以控制填料厚度。若按设计图纸路堤结构中有土工格栅、土工布等土工织物的，应先按照设计及规范要求在上料前铺设土工织物，并在上料过程中注意保护土工织物的完整性。

④控制填料含水量。按照填料室内试验，填料施工含水量控制在最佳含水量±2%以内。填料含水量较低时采用洒水措施，填料含水量较高时翻松晾晒。

⑤粗平。填料上足后采用推土机进行摊铺，纵向 50~60m 为一个摊铺段，同时人工配合机械对局部进行找平和补料。

⑥精平。粗平完成后采用平地机精平作业。

⑦集料窝、带处理。在每摊铺段完成后由压路机（静压）一遍，人工查找集料窝并进行处理，对局部级配较差的填料进行现场拌和。

（七）分层碾压

①按碾压方法（式）分为重力压实和振动压实两种。

②按照试验段成果完善后的路基填筑方案确定的压实机械及其组合、压实遍数及压实

速度进行碾压。碾压应坚持初压（静压 1~2 遍）、复压（振动压实 2~6 遍）及终压（静压 1~2 遍）的步骤，遵循“先轻后重、先慢后快、先两边后中间，弯道地段先内侧后外侧”的原则，轮迹重叠 1/3~1/2，直到达到规范规定的压实度。压实机械对土进行碾压时一般以慢速效果最好，除羊足碾或凸块式碾外，压实速度以 2~4km/h 最为适宜。羊足碾的速度可以快些，在碾压黏土时最高可达 12~15km/h。

③碾压应在路基全宽范围内纵向分行进行。纵向分段压好后进行第二段压实时，其在纵向接头处的碾压范围宜重叠 1~2m 以确保接头处平顺过渡。

④碾压一段终了时，宜采取纵向退行方式继续第 2 遍碾压，不宜采用掉头方式，以免因机械掉头时搓挤土，使压实的土被翻松。故压路机始终要以纵向进退方式进行压实作业。

⑤碾压应从路基边缘向中央进行，压路机轮外缘距路基边应保持安全距离。

⑥碾压不到的部位应采用小型夯实机夯实，防止漏夯，要求夯击面积重叠 1/4~1/3。

（八）分层检验

①用灌砂法、灌水（水袋）法检测压实度时，取土样的底面位置为每一压实层底部；用环刀法试验时，环刀中部处于压实层厚的 1/2 深度；用核子仪试验时，应根据其类型，按说明书要求进行。

②检测频率为每 $1000m^2$ 至少检验 2 点，不足 $1000m^2$ 时检验 2 点，必要时可根据需要增加检验点。

（九）路床精加工

当路堤填筑接近于路床高程时，要逐步控制填土厚度，并使顶面最后一层的压实厚度不小于 10cm。

采用平地机精平，光轮振动压路机压实，反复进行，直到检测数据全部满足技术规范要求为止。

对已精平、完工的路基进行交通管理，避免在雨期车辆行驶造成路基表面破坏。

（十）路基整修

每填筑完一段路堤并稳定后及时进行边坡清理，削去超宽填筑部分，并进行防护工程以及排水沟砌筑，避免路堤坡脚受雨水冲刷。雨天施工时，随挖、随运、随铺、随压。每层填土筑成 2%~4%排水横坡，当天填筑的土层当天完成压实。路堤表层及边坡应加以整理，不得有积水存在。路堤表层含水量接近正常时方可继续填筑。在整个路堤施工期间，如路基填筑周期较长，应做好临时路基排水设施，保证排水畅通。

五、填石路堤施工技术

填石路堤是指用粒径大于40(37.5)mm、含量超过总质量70%石料填筑的路堤。

（一）填料的选择

①山区填石路堤最为常见，石料来源主要是路堑和隧道爆破后的石料。

②硬质岩石、中硬岩石可用作路床、路堤填料；软质岩石可用作路堤填料，不得用于路床填料；膨胀性岩石、易溶性岩石、易风化崩解性岩石和盐化岩石等不得用于路堤填筑。现行《公路路基设计规范》（JTG D30—2015）根据填石料的饱和抗压强度指标进行分类。风化岩石和软质岩石填筑路堤时，路床应采用硬质岩碎石或其他符合要求的材料填筑，并应采取路堤边部包边封闭或加筋、底部设置排水垫层、顶部设置防渗层等措施，防止填石路堤产生湿化变形。软土地基上填石路堤，应与软土地基处理设计综合考虑。

③填石路堤顶部最后一层填料铺筑层厚不得大于0.4m，填料粒径不得大于150mm，其中小于4mm细料含量不应小于30%，且铺筑层表面应无明显孔隙、空洞。填石路堤上部采用其他材料填筑时，可视需要设置土工布作为隔离层。

④路床范围应用符合要求的土填筑，填料粒径应小于100mm。

（二）填筑方法

1. 分层压实法

自下而上水平分层，逐层填筑，逐层压实，是普遍采用并能保证填石路堤质量的方法。二级及以上公路的填石路堤应分层填筑压实。高速公路、一级公路和铺设高级路面的其他等级公路的填石路堤均应采用此方法。

2. 竖向填筑法（倾填法）

从路基一端按横断面的部分或全部高度自上而下倾卸石料，逐步推进填筑。其主要用于三、四级公路且铺设低等级路面的公路，也可用于陡峻山体上施工特别困难或大量以爆破方式开挖填筑的路段，以及无法自下而上分层填筑的陡坡、断岩、泥沼地区和水中作业的填石路堤。

3. 强力夯实法

用起重机吊起夯锤从高处自由落下，利用强大的动力冲击，迫使岩土颗粒位移，提高填筑层的密实度和地基强度。该方法机械设备简单，击实效果显著，施工中不需铺撒细粒料，施工速度快，有效解决大块石填筑地基厚层施工的夯实难题。对强夯施工后的表层松动层，采用振动碾压法进行压实。

4. 冲击压实法

利用冲击压实机的冲击碾周期性、大振幅、低频率地对路基填料进行冲击，压密填方。它具有分层压实法连续性的优点，又具有强力夯实法压实厚度深的优点。其缺点是在周围有建筑物时使用受到限制。

（三）填石路堤施工工艺流程

1. 施工准备

填石路堤施工前应修筑试验路段，确定满足孔隙率标准的松铺厚度、压实机械型号及组合、压实速度及压实遍数、沉降差等参数。

路床施工前应修筑试验路段，确定能达到最大压实干密度的松铺厚度、压实机械型号及组合、压实速度及压实遍数、沉降差等参数。

2. 测量放样

按照设计图纸及施工工艺要求，采用全站仪或 GPS 放样道路中线及边线，并钉设边桩及中桩，以此控制上料厚度及宽度。

3. 分层摊铺

采用方格网法上料，按水平分层、先低后高、先两侧后中央卸料，并采用大功率推土机摊平。个别不平处应配合人工用细石块石屑找平。

岩性相差较大的填料应分层或分段填筑。严禁将软质与硬质石料混合使用。

4. 边坡码砌

中硬、硬质石料填筑路堤时应进行边坡码砌，码砌边坡的石料强度、尺寸及码砌厚度应符合设计要求。设计无要求时，码砌厚度宜为 1～2m，码砌石块尺寸不应小于 300mm。边坡码砌与路基填筑宜基本同步进行。

5. 碾压

填石路堤应采用重型压实机（建议 18t 以上）进行碾压。碾压程序及碾压方法应参照试验段获得的相关数据执行。

六、土石路堤施工技术

土石路堤是指石料含量占总质量30%~70%的土石混合材料修筑的路堤。

（一）填料要求

①膨胀性岩石、易溶性岩石等不宜直接用于路堤填筑，易风化崩解性岩石和盐化岩石等不得直接用于路堤填筑。

②天然土石混合填料中，中硬、硬质岩石的最大粒径不得大于压实层厚的2/3；石料为强风化岩石或软质岩石时，其CBR（衡量土基及路面材料承载能力的指标）值应符合规范，石料最大粒径不得大于压实层厚。

（二）施工技术

土石路堤施工技术及工艺流程与填石路堤施工技术及工艺流程类似，只是在个别细节处理有特殊要求，具体如下：

1. 基底处理

土石路堤基底处理除满足土质路堤基底处理的要求外，在斜、陡坡地段及土石路堤靠山一侧应按设计要求做好排水和防渗处理。

2. 摊铺碾压

①施工前应根据土石混合材料的类别分别进行试验路段施工，确定能达到最大压实干密度的松铺厚度、压实机械型号及组合、压实速度及压实遍数、沉降差等参数。

②土石路堤不得采用倾填，应分层填筑压实。

③土石混合材料来自不同料场，其岩性或土石比例相差较大时，宜分层或分段填筑。

④压实后透水性差异大的土石混合材料，应分层或分段填筑，不宜纵向分幅填筑；如确需纵向分幅填筑，应将压实后渗水良好的土石混合材料填筑于路堤两侧。

⑤碾压前应使大粒径石料均匀分散在填料中，石料间孔隙应填充小粒径石料、土和石渣。

⑥压实机械宜选用自重不小于18t的振动压路机。

⑦中硬、硬质石料的土石路堤应进行边坡码砌，码砌边坡的石料强度、尺寸及码砌厚度应符合设计要求。边坡码砌与路堤填筑宜基本同步进行。软质石料土石路堤边坡按土质路堤边坡处理。

⑧填料由土石混合材料变化为其他填料时，土石混合材料最后一层压实厚度应小于300mm，该层填料最大粒径宜小于150mm。压实后，该层表面应无孔洞。

七、高路堤施工技术

高路堤是指填土的边坡高度大于20m的路堤。

（一）填料选择

高路堤填料宜优先采用强度高、水稳性好的材料或采用轻质材料。受水淹、浸的部分应采用水稳性和透水性均好的材料。

（二）基底处理

①基底承载力应满足设计要求。特殊地段或承载力不足的地基应按设计要求进行处理。

②覆盖层较浅的岩石地基宜清除覆盖层。

（三）填筑施工

高路堤填筑应符合下列规定：①施工中应按设计要求预留路堤高度与宽度，并进行动态监控。②施工过程中宜进行沉降观测，按照设计要求控制填筑速率。③高填方路堤宜优先安排施工。

八、桥涵及结构物回填

（一）回填范围

一般规定桥台及涵洞背部填土加强区段的长度为：自台背面起，顶面长度不小于台高加2m，底面长度不小于2m；拱桥台背填土长度应不小于台高的3~4倍。挡土墙背部填土长度不得小于1m。

（二）填料选择

填料应符合设计要求，不应含有机物、冰块、草皮、树根等杂物或生活垃圾，其化学及电化学性能应符合锚杆、拉杆、筋带的防腐和耐久性要求。严禁采用膨胀土、高液限黏土、腐殖土、盐渍土、淤泥和冻土等不良填料。

（三）基坑回填

基坑回填必须在隐蔽工程验收合格后方可进行。基坑回填应分层填筑、分层压实，分层厚度宜为100~200mm。二级及以上公路采用小型夯实机具时，基坑回填的分层压（夯）实厚度不宜大于150mm，并应压（夯）实到设计要求的压实度。

（四）施工机械

由于台背后施工空间有限，大型施工机械无法全覆盖作业，因此台背回填应采用人工辅以小型夯实机械辅助施工。

（五）台背及与路堤间回填

台背及与路堤间的回填施工应符合以下规定：①台背回填部分的路床宜与路堤路床同步填筑。②二级及以上公路应按设计做好过渡段，过渡段路堤压实度应不小于96%，并应按设计做好纵向和横向防排水系统。③二级以下公路路堤与回填连接部，应按设计要求预留台阶。④台背和锥坡回填施工宜同步进行，一次填足并保证压实整修后能达到设计宽度要求。⑤涵洞洞身两侧应对称分层回填压实，填料粒径宜小于150mm。⑥两侧及顶面填土时，应采取措施防止压实过程对涵洞产生不利后果。

第二节 挖方路基施工技术

一、土质挖方路基施工技术

（一）开挖方法

1. 横向挖掘法

横向挖掘法分为单层横向全宽挖掘法和多层横向全宽挖掘法。

采用单层横向全宽挖掘法时，需利用一台挖掘机，使其位于道路中心位置，左、右分别挖土，按断面全宽一次性挖掘至设计高程，边挖边沿中线移动，使路堑一次成型。这种方法适用于挖掘深度小、工程量较小、工作面较窄且较短的路堑。

多层横向全宽挖掘法和单层横向全宽挖掘法基本相同，一层挖完后挖下层，分层挖掘至设计高程。该方法主要适用于深、短且较窄的路堑。

2. 纵向挖掘法

对于方比较集中的深路堑可采用纵向挖掘法。先沿路堑挖一通道，然后由该通道向两侧拓宽扩大工作面，该通道可作为运土路线和场内排水的出路。该层拓宽至路堑边坡后开挖下层，直至挖至设计高程。该法适用于较长、较深且两端纵坡较小的路堑开挖。当路堑过长时也可分段纵挖，即将路堑分成两段或数段，各段分别安排多个施工队伍，同时按上述方法组织纵向开挖。纵向挖掘法可以使用推土机、铲运机施工，也可使用装载机或挖掘机配合自卸汽车施工。

3. 混合式挖掘法

混合式挖掘法是将横向挖掘法与纵向挖掘法结合，适用于路堑纵向长度和挖深都很大的情况。先将路堑纵向挖通，然后沿横向坡面挖掘，以增加开挖坡面。

（二）施工工艺流程

施工前根据设计文件，首先恢复中线并进行现场调查，根据地形、路堑断面及长度确定合理的开挖方式。然后结合现场实际与设计要求，修建临时排水设施，并考虑与永久排水设施相结合。

填料路堑在雨期施工时应集中力量快速施工，工作面随时保持大于4%坡度。路堑边坡不得受水浸泡、冲刷。

1. 施工准备

①现场核对。工程开工前根据现场调查资料对设计文件进行核对，内容主要包括地形地貌、挖方数量、取弃土场位置、土方利用等。

②分析土体的稳定性。土体的稳定与否直接关系到路堑边坡的稳定与否，因此施工前必须做好土体稳定性分析，如土体结构、土体的密实度、潮湿程度等。对土体进行分析后，根据既有施工经验复核设计边坡是否满足稳定性要求，最后确定施工方案。

③布置施工便道。根据现场地形确定机械进出便道路线并修筑。便道修筑应满足施工机械和运土车辆转弯半径及会车、正常行驶要求。

2. 测量放线

根据复测资料放出开挖边线桩，放线时定位准确，两侧各预留0.2~0.3m不开挖，待开挖后进行人工刷坡。

路堑边坡开挖边线放线必须在对原地面复测后进行，否则会造成开挖后路槽宽度不满足设计要求的情况。

3. 施工排水系统

开挖前按设计位置做好堑顶排水系统（如截水沟、边沟），待排水系统完善后进行路堑开挖。截水沟与边沟应从下游向上游开挖。截水沟通过地面坑凹处时应将坑凹处填平夯实。截水沟及边沟开挖后应及时进行防渗处理，不得渗漏、积水和冲刷边坡及路基。

4. 开挖

①可作为路基填料的土方，应分类开挖分类使用。

②根据土石方调配方案和施工顺序，选择最佳挖方作业面，优先选用横向挖掘法、逐层顺坡自上而下开挖，不得乱挖、超挖，严禁掏底开挖。

③以机械施工为主，运土距离较近时采用推土机作业；运土距离较远时采用推土机配合挖掘机、装载机挖土装车，自卸汽车运至路基填方路段或弃土点。

④当机械开挖至靠近边坡 0. 2～0. 3m 时，改为人工修坡。需设圬工防护工程边坡的，在防护工程开工前留置保护层，待防护圬工施工时刷坡。对于不设圬工防护工程的边坡，每 10m 边坡范围插杆挂线、人工刷坡。

⑤开挖过程中应采取措施保证边坡稳定。开挖至边坡线前应预留一定宽度。预留宽度应保证刷坡过程中设计边坡线外的土层不受到扰动。

⑥路基开挖中基于实际情况，如需修改设计边坡坡度、截水沟和边沟位置及尺寸时，应及时按规定报批。边坡上稳定的孤石应保留。

⑦开挖至零填、路堑路床部分后，应尽快进行路床施工；如不能及时进行，宜在设计路床顶标高以上预留至少 300mm 厚保护层。

⑧应采取临时排水措施，确保施工作业面不积水。

⑨挖方路基路床顶面终止标高，应考虑因压实而产生的下沉量，其值通过试验确定。

⑩挖方路基施工遇到地下水时应按下列规定处理：a. 应采取排导措施，将水引入路基排水系统。不得随意堵塞泉眼。b. 路床土含水量高或为含水层时，应采取设置渗沟、换填、改良土质、土工织物等处理措施，路床填料应具有良好的透水性能。

5. 路槽整修

接近堑底时按设计横断面放线，开挖修整压实并挖好侧沟、疏通排水。边坡刷好后及时进行边坡防护和排水工程施工。

当开挖接近路基施工标高时采用人工配合推土机施工，到达设计标高后及时对基底土质情况进行检测，不合规范要求的应换填。路堑施工要做到路基表面平整、密实，曲线圆顺、边线顺直，边坡坡面平顺稳定、无亏坡，边沟整齐、沟底无积水或阻水现象。

二、石质挖方路基施工技术

石方路堑是公路工程中一种常见的情况，通常其具有开挖工程量大、施工作业条件困难及周围环境复杂等特点，常常成为公路工程项目施工的关键性及控制性工程。因此石方路堑施工应根据实际工程地质条件及作业环境合理选择施工方法。

石方路堑通常采用机械开挖法、静态破碎法和爆破开挖法进行施工。①机械开挖法：使用带有松土器的重型推土机破碎岩石，一次破碎深度为0.6~1.0 m。该法适用于施工场地开阔、大方量的软岩石方工程。优点是没有钻爆工序作业，不需要风、水、电辅助设施，简化了场地布置，加快了施工进度，提高了生产能力。缺点是不适于破碎坚硬岩石。②静态破碎法：将膨胀剂放入炮孔内，利用产生的膨胀力缓慢地作用于孔壁，经过数小时至24小时达到300~500MPa压力，使介质裂开。该法适用于在设备附近、高压线下以及开挖与浇筑过渡段等特定条件下开挖。优点是安全可靠，没有爆破产生公害。缺点是爆破效率低，开裂时间长。③爆破开挖法：当前广泛采用的开挖施工方法，有薄层开挖、分层开挖、全断面一次开挖和特高梯段开挖等方式。

（一）基本要求

根据岩石条件、开挖尺寸、工程量和施工技术要求，通过方案比较拟定合理的方式。其基本要求如下：①保证开挖质量和施工安全。②符合施工工期和开挖强度的要求。③有利于维护岩体完整和边坡稳定性。④可以充分发挥施工机械的生产能力。⑤辅助工程量少。

（二）爆破器材

爆破器材主要包括工业炸药和起爆器材两大类。

工业炸药又称民用炸药，是由氧化剂、可燃剂和其他添加剂等组分按照氧平衡的原理配制，并均匀混合制成的爆炸物。通常采用的工业炸药有硝化甘油炸药、铵梯炸药、铵油炸药、乳化炸药、水胶炸药及其他工业炸药。

起爆器材是能够受外界很小能量就可以激发，即能按设定要求发火或爆炸的元件、装置或制品。它的作用是产生热冲能或爆炸冲能，同时伴有高温高速气体、灼热颗粒、金属飞片等，并能够传给火药或炸药将其点燃或引爆，特殊场合也可作为独立能源对外做功。起爆器材分为起爆材料和传爆材料两大类。火雷管（已禁用）、电雷管、磁电雷管、导爆管雷管、继爆管及其他雷管属于起爆材料；导火索、导爆索、导爆管等属传爆材料。

电雷管是在火雷管中架设发电打火装置而成。它是用电线传输电流，使装在雷管中的电阻发热而引起雷管爆炸。

（三）爆破方法及其分类

1. 按药包形状分

按照药包形状分为集中药包法、延长药包法、平面药包法、异形药包法。

①集中药包法：从理论上讲这种药包的形状应该是球形体，起爆点为球体中心，爆轰波呈辐射状以球面形式向外扩张，爆炸以均匀的分布状态作用到周围的介质上。长方体的最长边不超过最短边的 2 倍。

②延长药包法：炸药包做成长条形，可以是圆柱状，也可以是方柱状，通常药包长度要大于 17~18 倍药包直径。

③平面药包法：直接将炸药敷设在介质表面，因此爆炸作用只是在介质接触药包及附近表面上，大多数能量散失在空气中，产生的爆轰波可看作平面波。

④异形药包法：将药包做成特定形状以达到特定的爆破作用。

2. 按装药方式与装药空间形状

按装药方式与装药空间形状不同，分为药室法、药壶法、炮孔法、裸露药包法。

①药室法：是指在山体内开挖坑道、药室，装入大量炸药的爆破方法，一次能爆破下的土石方数量几乎是不受限制的，在每个药室里装入的炸药可多达千吨以上。

②药壶法：是指在深 2. 5~3. 0m 以上的炮眼底部用小量炸药经一次或多次烘膛，使炮眼底部成葫芦形，将炸药集中装入药壶中进行爆破。

③炮孔法：根据炮孔孔径和深度不同，把炮孔孔深大于 5m、孔径大于 75mm 的爆破称为深孔爆破，反之称为浅孔爆破。

④裸露药包法：不需钻孔，直接将炸药包贴放在被爆物体表面进行爆破的方法。它在清扫地基的破碎大孤石和对爆下的大块石做二次爆破等方面具有独特作用，仍然是常用的有效方法。

3. 按爆破效果

按爆破效果分为定向爆破、预裂爆破、光面爆破、微差控制爆破。

①定向爆破是一种加强抛掷爆破技术，它利用炸药爆炸能量的作用，在一定条件下可将一定数量的土岩经破碎后，按预定的方向抛掷到预定地点，形成具有一定质量和形状的建筑物或开挖成一定断面。

定向爆破主要是使抛掷爆破最小抵抗线方向符合预定的抛掷方向，并且在最小抵抗线方向事先造成定向坑，利用空穴聚能效应集中抛掷，这是保证定向的主要手段。在大多数情况下，造成定向坑的方法都是利用辅助药包，让它在主药包起爆前先爆，形成一个起走向坑作用的爆破漏斗。如果地形有天然的凹面可以利用，也可不用辅助药包。

②预裂爆破是进行石方开挖时，在主爆区爆破之前沿设计轮廓线先爆出一条具有一定宽度的贯穿裂缝，以缓冲、反射开挖爆破的震动波，控制其对保留岩体的破坏影响，使之获得较平整的开挖轮廓。预裂爆破可以广泛地运用在垂直、倾斜、规则的曲面及扭曲面上。

③光面爆破也是控制开挖轮廓的爆破方法之一，它与预裂爆破的不同之处在于光面爆孔的爆破是在开挖主爆孔的药包爆破之后进行。它可以使爆裂面光滑平顺，超欠挖均很少，能近似形成设计轮廓要求的爆破。光面爆破一般多用于地下工程开挖，露天开挖工程中用得比较少，只是在一些有特殊要求或者条件有利的地方使用。光面爆破的要领是孔径小、孔距密、装药少、同时爆。

④微差控制爆破是一种应用特制的毫秒延期雷管，以毫秒级时差顺序起爆各个（组）药包的爆破技术。其原理是把普通齐发爆破的总炸药能量分割为多数较小的能量，采取合理的装药结构、最佳的微差间隔时间和起爆顺序，为每个药包创造多面临空条件，将齐发大量药包产生的地震波变成一长串小幅值的地震波，同时各药包产生的地震波相互干涉，从而降低地震效应，把爆破振动控制在给定水平之下。爆破布孔和起爆顺序有成排顺序式、排内间隔式（又称 V 形式）、对角式、波浪式、径向式等，或由它们组合变换成的其他形式，其中以对角式效果最好，成排顺序式效果最差。

微差控制爆破能有效地控制爆破冲击波、震动、噪声和飞石；操作简单、安全、迅速；可近火爆破而不造成伤害；破碎程度好，可提高爆破效率和技术经济效益。但该网路设计较为复杂；需特殊的毫秒延期雷管及导爆材料。微差控制爆破适用于开挖岩石地基、挖掘沟渠、拆除建筑物和基础，以及工程量与爆破面积较大，对截面形状、规格、减震、飞石、边坡坡面等有严格要求的控制爆破工程。

（四）爆破设计

1. 爆破设计原则

①有利于降低成本消耗。

②有利于施工作业安全和确保周围被保护对象的安全。

③选择参数合理，确保工程质量，提高爆破效果。

2. 爆破设计程序

①爆破设计工艺流程：爆破部位→基本情况→确定基本参数→计算孔网参数→绘制图表→形成设计文件。

②明确爆破部位：爆区所在工程名称、爆破部位、爆破方量、炸药用量、爆破时间等。

③掌握基本情况：熟悉施工图技术要求、掌握爆区地形地质条件、掌握爆区周围环境情况以及所有安全、质量保护对象的控制标准和控制措施。

④确定基本参数：确定梯段高度、钻孔直径、钻孔倾角、爆破器材品种、炸药单耗、单响起爆药量等。

⑤计算孔网参数：计算孔深、孔距、排距、底盘抵抗线、装药直径、堵塞长度、装药结构、布孔形式、网络结构、延时顺序、段间时差、起爆总持续时间、起爆方式、安全距离、爆破地震安全震动速度等参数。

⑥绘制相关图表：爆区位置平面图、爆破参数有关示意图、爆破参数汇总表、爆破器材用量表等。

⑦爆破设计文件：将上述爆破设计内容汇集，加上目录、封面和报审单等，汇编成爆破设计文件。

3. 爆破设计审批程序

爆破设计文件→项目爆破责任工程师审签→项目总工程师审定或审批→监理人审批。

监理人审批：规定监理人审批范围的爆破设计。

项目总工程师审定或审批：对报监理人审批的爆破设计进行审定，对规定由项目部审批的爆破设计进行审批。

（五）路基爆破施工工艺

1. 测量放样及定开口线

根据设计资料复核路基中桩，根据实际地面标高确定开口线位置，用白灰撒开口线。经驻地监理工程师核查、审批后方可施工。

2. 布设炮孔

炮孔标定必须按照设计好的爆破参数准确地在爆破体上进行标识，不能随意变动设计位置。布孔前应先清除爆破体表面积土和破碎层，根据施工测量确定的边坡线，从边坡光面爆破孔开始标定然后进行其他孔位布置。布孔完成后应认真进行校核，实际的最小抵抗线应与设计的最小抵抗线基本相符。

3. 钻制炮孔

在钻孔过程中应严格控制钻孔的方向、角度和深度，特别是边坡光面爆破孔的倾斜度应严格符合设计要求。孔眼钻进时应注意地质的变化情况并做好记录。遇到夹层或与表面石质有明显差异时应及时同技术人员进行研究处理，调整孔位及孔网参数。钻孔完成后及时清理孔口浮渣，清孔直接采用胶管向孔内吹气。吹净后应检查炮孔有无堵孔、卡孔现象，以及炮孔的间距、眼深、倾斜度是否与设计相符。若和设计相差较多，应对参数适当调整；如果可能影响爆破效果或危及安全生产，应重新钻孔。先行钻好的炮孔用编织袋将孔口塞紧，防止杂物堵塞炮孔。

4. 装药

装药前要仔细检查炮孔情况，清除孔内积水、杂物。装药过程中应严格控制药量，炸药按每孔的设计药量分好，边装药边测量，以确保线装药密度符合要求。为确保能完全起爆，起爆体应置于炮孔底部并反向装药。

5. 堵塞

堵塞物用黏土和细砂拌和，其粒度不大于 30mm，含水量为 15%～20%（一般以手握紧能使之成型，松手后不散开，且手上不沾水迹为准）。药卷安放后立即堵塞，首先塞入纸团或塑料泡沫以控制堵塞段长度（光爆孔口预留 1～1.5m，主爆孔口预留 2～2.5m），然后用木炮棍分层压紧捣实，每层以 10cm 左右为宜，堵塞中应注意保护好导爆索。

6. 爆破覆盖

它是控制飞石的重要手段，施工中采用两层草袋覆盖，先在草袋内装入砂土，覆盖后将排间草袋用绳子连成一片。草袋覆盖时要注意保护好起爆网络。爆破石方表面是土或风化砂砾时，必须保留表土或风化砂砾 10～50cm 以减少草袋覆盖。

7. 连接起爆网络

根据设计的起爆网络图进行起爆电雷管、火雷管起爆网络连接，连接好后进行网络检查。检查完全无问题后进入起爆程序。

8. 起爆

整个起爆过程由专人统一指挥，起爆前对整个警戒区进行全面安全检查。确保无安全隐患后由指挥人员发出三次预警。在第三次预警哨声发出时爆破员立即进行起爆工作。应由专人清点爆破雷管数量，检查雷管是否全部起爆。

9. 检查和解除警戒

起爆完成15min后由专业技术人员进入爆破现场进行检查，主要检查雷管和炸药是否全部爆炸。如果出现哑炮、拒爆、盲爆等情况要采取措施进行处理。在完全无安全隐患后报告指挥人员发出指令解除警戒。

10. 爆破石方清运

每次爆破完毕后组织人员和机械进行爆破石方清运工作。挖掘机把石方清除后测量标高，高出设计标高的要进行铲出，无法用挖掘机挖掉的大块石方必须再进行布孔二次爆破，直到符合设计要求为止。低于标高的要进行回填碾压，碾压到施工规范的实度，达到设计标高为止。边坡表面的破碎岩石要全部清除，按设计要求进行刷坡。

（六）质量控制措施

①收集现场的各种数据加以分析，对各种爆破方式进行比较，制定最优方案。

②对爆破所需的各种器材进行严格检查，必须要有出厂合格证书方可使用。

③所有的爆破施工技术人员和现场操作人员必须进行上岗培训并取得资格证书，方可爆破作业。

④对起爆顺序和起爆方式进行多次分析和比较以达到最佳效果。在现场施工时，起爆网络要严格按要求和规范进行连接，在使用电雷管和导爆索之前要进行检测。

⑤加强对装药过程的控制：严格按设计药量来控制，不能少装或多装，间隔段填筑物要均匀，按岩石粉自然密度填装，不能捣实，堵塞长度要按要求操作。

⑥在爆破前要检查起爆网络，无问题后方可施爆。

⑦做好防潮和防水措施。

第三节　路基坡面防护施工技术

一、喷播植草

喷播植草技术是一种全新概念的生态环保技术，以工程力学和生物理论为依据，既具有一定强度，起到边坡防护作用，替代传统的浆砌石护坡或喷射混凝土护坡，又能在边坡上营造适合植物生长的环境达到绿化边坡的目的，超越传统浆砌石护坡或喷射混凝土护坡无法实现恢复生态环境、绿化边坡的功能。其可用于坡率不陡于 1∶1 的土质边坡防护。当边坡较高时植草可与土工网、土工网垫结合防护。

它是以水为载体的植被建植技术，首先将配置好的种子（如紫穗槐、扁穗冰草）、有机基材（如腐殖土、泥炭土、锯末）、复合肥、保水剂、生根粉、土壤稳定剂、根瘤菌剂等与水充分后再用高压喷料枪均匀喷射到土壤表面。喷播后的混合物在土壤表面形成一层膜状结构，能有效地防止种子被冲刷，并保证在较短时间内植株迅速覆盖地面，以达到稳固边坡和绿化美化的目的。近年来，该技术已广泛应用于水利、公路、铁路等基础工程建设的边坡防护与绿化，也由于在实际施工中常采用液压喷射机械，因此习惯上也称之为液压喷播植草。

（一）喷播植草的优点

喷播植草技术的功效是人工所不能比拟的。相对传统的草坪建植技术而言，它的先进性主要表现在以下几个方面：

①机械化程度高。液压喷播主要利用喷播机械并用机动车牵引完成操作，是比较先进的草坪建植技术。

②效率高。省工省时，劳动强度低。喷播将施肥、草种混合、草种覆盖、稳固表土等一系列工作，可通过机械化作业一次性完成。

③科技含量高。喷播将草种、肥料和包裹材料融为一体，体现了生物种植科学性、先进性，是草坪种植技术的一次革命。液压喷播尤其对坡面植草适用效果好。

液压喷播植草因草种被纸浆纤维包裹，同时纸浆纤维蓄水蓄肥，不断供给草种发芽的水分；而黏合剂把包裹在纸浆中的草种紧紧黏附在土壤表面，形成稳定的坪床，避免降水时造成水土和种子流失。为预防暴雨冲蚀，在喷播后需覆盖丙纶无纺布，雨滴不直接冲打溅击地表土壤及喷播材料，而强降雨形成的地表径流也从无纺布上流走，保证了喷播材料和坡面土壤的稳定性。

（二）施工技术要点及施工工艺

1. 草种选择及处理

喷播植草种的选择与当地气候、降雨量、土壤酸碱度、有机质含量等因素有关，宜选择适合当地生长、固土效果好、耐旱、抗寒、抗霜、抗土壤酸碱性强、耐贫瘠等生长快、生命力强、适合管理粗放、防护和绿化效果好的草籽，如高羊茅（抗寒、耐盐碱、须根入土深）、紫羊毛（耐旱）、白三叶（耐贫瘠、耐酸性）、扁穗冰草（耐抗寒、寒冷、适合粗放管理)、无芒雀麦（耐碱能力强、抗寒、耐干旱)、中华结缕草（耐旱、耐贫瘠、耐盐碱)、狗牙根（根系发达、抗寒、耐干旱）及多年生黑麦草、紫花苜蓿、沙打旺等。以上草籽按填料的物理力学性质及土壤肥力和施工季节可分别选择三四种冷暖季相结合的草籽，并掺入与草籽生长相适宜、后期生长快、经催芽处理的灌木种子（如紫穗槐）等，以植草为先期防护，灌木待二三年长成后再发挥防护作用。

喷播植草应选择地温、气温、降雨、风向、风速等条件适宜草种生长的春、秋季施工，气温低于 12℃不宜进行喷播作业。草种应进行必要的预处理，灌木种也应进行催芽处理，以保证种子发芽快、成活率高。

2. 清理坡面

施工前对坡面处理，使用机械结合人工整理绿化施工现场，清除边坡上施工废弃物和大石块、树根、塑料及其他有碍植物生长的杂物。适当平整坪床，使其平整度达到有利于灌溉、排水，美观整齐的要求。

现场种植土中如含有害成分，应采用客土或改良土壤的技术措施。场地积水地方应整平或挖排水沟将水引走。在坡面上进行喷播，喷播前最好喷足底水，保证植物生长。

3. 挂网

如设计要求对坡面进行挂网处理，则应按照设计要求采用机编镀锌铁丝网从坡顶沿坡面顺势铺下，铁丝网应伸出坡顶 50cm。若坡顶截水沟未修筑，最好置于坡顶浆砌石底下，在坡底也应有 20cm 铁丝网埋置于平台填土中。铺设时拉紧网，铺平顺后根据需要采用不同厚度的混凝土垫块，以使铁丝网与坡面距离保持 3~5cm，网与网之间搭接宽度 15cm。

4. 喷植混合料

液压喷播植草主要机械设备为喷植机、高压泵体、抽水机、高压喷料枪及喷料软管、洒水车等。

准备工作就绪后，利用喷植机将混合均匀的有机基材喷于坡面，喷射应尽可能从正面进行，凸凹部分及死角部位要喷射充分。喷射平均厚度为 8~10cm，其中铁丝网上要保证有 3~5cm 基材。根据边坡的岩性可调整喷射厚度，以保证有机基材提供草坪生长所需足的养分及水分。

喷播时先加水至罐体 1/4 处，开动水泵，使之旋转，再加水，依次加入种子、肥料、保水剂、纸纤维黏合剂等。搅拌 5~10min 使浆液充分混合后，方可喷播。按设计及规范要求选用植物基材（腐殖土、泥炭土、锯末），选配肥料、种子、覆盖料、土壤稳定剂、根瘤菌剂等与水充分拌和均匀后喷射于坡面。

5. 覆盖无纺布

在喷播表面覆盖一层无纺布，以避免或减少因强降水量造成对种子的冲涮，同时也减少边坡表面水分的蒸发，从而进一步改善种子的发芽、生长环境。

6. 养护

草坪植物虽然适应性强，但需要“三分种，七分养”，因此应特别重视草坪养护。南方雨水较多，可用无纺布覆盖以防止雨水冲刷，北方可用草帘覆盖。覆盖的目的一是防止雨水冲刷，二是防止水分蒸发过快，三是保温利于种子发芽。喷播后如未下雨则每天浇水以保持土壤湿润，2 个月覆盖率可达 90%以上，成坪后可逐渐减少浇水次数。在养护期间应随时观察草坪的水肥情况，水分主要是看根系土壤的湿润程度。在草坪成坪后由于其自身形成了一层草毯，对土壤中的水分散失有一定的保护性。

二、铺草皮

铺草皮是提前在路基工程范围外合适的场地进行草皮种植，待草皮生长达到一定要求后，将草皮切成整齐的块状或条状，然后运输至施工点，铺设在边坡坡面的一种边坡防护方式。铺草皮适用于坡率不陡于 1∶1 的土质边坡或全风化、强风化的岩石边坡防护，且边坡高度不宜过高，一般不超过 8 m，其能够快速形成绿化景观效果。

铺草皮施工工艺主要为草皮种植、边坡修整、草皮铺设、施工期养护、养护管理期养护、竣工验收移交。

三、种植灌木

灌木是指没有明显主干的木本植物，植株一般比较矮小，不会超过 6m，从近地面的地方就开始丛生出横生的枝干，都是多年生，一般为阔叶植物，也有一些针叶植物是灌木，如刺柏。如果越冬时地面部分枯死，但根部仍然存活，第二年继续萌生新枝，则称为“半灌木”。

多数灌木生命力强，公路工程中常用作边坡绿化，装点公路。

（一）施工总体要求

种植时相邻植株规格搭配合理，高度、干径、树形相似、苗木直立不倾斜，并注意观赏面的合理朝向。有方向性树种与原移植地方向一致。植株行距均匀、树形丰满的一面向外。按苗木高度、树干大小搭配均匀。

（二）灌木种植施工工艺

1. 土壤处理

种植前进行以控制土壤传播病菌、地下害虫及在土壤中的害虫为主的杀菌灭虫处理和除草处理。

土壤施肥：表层施肥以施基肥为主，可采用发酵干鸡粪粉末施入。土壤灭虫：主要杀灭寄生在土壤内的地下害虫。

2. 整地

按设计标高平整地形，整理出排水坡度。自然地形按自然起伏坡度整地，但应注意不得有积水处。灌木栽植前须挖土整地，捣碎土块，捡净砖石、瓦块、玻璃碴、草根等杂物。挖土深度为30~40cm，并施加适量有机肥作基肥混合翻耕。

3. 定点放线

栽植前要定点放线。定点放线要以设计提供的标准点为依据；应符合设计图纸要求，位置要准确，标记要明显。

4. 苗木运输

带土球或湿润地区带宿土裸根苗木及上年花芽分化的开花灌木不宜修剪，枯枝、病虫枝时应予剪除。枝条茂密的大灌木可适量疏枝。对于嫁接灌木应将接口以下的砧木萌生枝条剪除。对于分枝明显、新枝着生花芽的小灌木应顺其树势适当进行强剪，促进新枝生长，更新老枝。攀缘类和蔓性苗木可剪除过长部分，攀缘上架苗木可剪除交错枝、横向生长枝。修剪直径2cm以上大枝及粗根时，截口必须削平并涂防腐剂。

装、运、卸和假植苗木的各环节均应保护好苗木，轻拿、轻放，必须保证根系和土球完好，严禁抛摔。

5. 种植

种植的苗木品种、规格、位置、树种搭配应严格按设计施工，种植苗木本身应保持与地面垂直，不得倾斜。

大灌木采取0.02%生根粉液喷根或灌根，常绿灌木树冠喷抗蒸腾剂，以提高苗木成活率。

6. 浇水

新植树栽后24h内浇第一遍水，此次水量不宜过大、应浇透，以后转入后期养护。

种植深浅应合适，一般与原土痕齐平或略高于地面5cm左右。种植的深浅应选好主要观赏面方向，并照顾朝阳面。一般树弯应尽量迎风，种植时要栽正扶直，树冠主尖与根在同一垂直线上。

四、骨架植物防护

（一）骨架植物防护定义及分类

骨架植物防护是指路基边坡采用混凝土或浆砌片石形成的框架式构筑物，并在框架内植草，以防止路基边坡溜坍的一种坡面防护形式。骨架植物防护是突出“工程+植物”一体化防护设计的典型模式，把路基边坡工程防护与生态防护结合起来，达到了与环境因素高度的协调。

骨架植物防护实际上是将坡面分割成若干骨架支撑的小块土坡，采用分而治之的有效措施。骨架的作用在于支撑和分割坡面，消除坡面较大范围内相互渐变、牵引的影响，其具有规则的几何形状，造型美观。当骨架中的绿色植被形成后，绿白相间，拥有较好的防护绿化美化效果。

按结构形式骨架植物防护分为“拱形骨架+植草灌（空心六棱块植草灌）”防护、“方格骨架+植草灌（空心六棱块植草灌）”防护、“菱形骨架+植草灌（空心六棱块植草灌）”防护、“空心六棱块+植草灌”防护、“人字形骨架+植草灌（空心六棱块植草灌）”防护、“拱形加人字形骨架+植草灌（空心六棱块植草灌）”防护、“锚杆混凝土框架+植草灌防护”等。

按建筑材料骨架植物防护分为浆砌片石骨架植物防护、干砌片石骨架植物防护、现浇混凝土骨架植物防护、混凝土预制块式骨架植物防护等。

（二）骨架植物防护施工工艺

1. 整修边坡

路基填筑到设计高程后，按路基设计宽度及设计边坡坡度进行刷坡。路基边坡主要采用挖掘机进行刷坡，刷坡时预留20cm采用人工进行。边坡修整时用坡度尺拉线修整，修整后的边坡坡度不得大于设计值。

2. 放线开挖沟槽及基础

施工放样前要根据桥台位置、涵洞位置并考虑混凝土踏步位置整体布拱，在所有拱圈位置确定后才能根据里程位置精确放样。根据测放的里程桩现场排出骨架位置，撒白灰线标示。排出骨架位置后要对相邻的里程桩再次进行闭合测量，确认无误后方可进行基槽开挖。

骨架沟槽开挖由于在坡面上作业，不宜采用机械，全部采用人工开挖沟槽。人工开挖前根据测量放样确定的位置，上下拉通，同时严格控制开挖宽度和深度，不得超挖和欠挖，从上往下进行开挖，不得有松土留在沟槽中，并用人工拍打密实。一般根据施工能力及天气情况确定开挖长度，不得将开挖好的沟槽长时间晾置。

3. 浇筑基础（护脚墙）

根据测量放样结果采用机械结合人工挖出脚墙的位置。采用小型挖掘机进行开挖，基底预留 20~30cm，采用人工进行开挖，基底浮土全部清理干净，同时保证原土不受扰动。基底经验收合格后可浇筑脚墙，确保脚墙几何尺寸满足设计及规范要求。脚墙位置开挖后测量复核脚墙与底镶边连接处的位置，施工时严格按照设计的高程控制。浇筑前应对基底夯实，并对基坑内的杂物安排专人进行清理。

4. 立模支护

按设计尺寸采用钢模组合，挡水槽处采用带 10cm×10cm 凸起的定型模板。模板安装时采用双面胶带纸塞缝，确保接缝良好不漏浆。采用外吊内拉的支模方法进行模板支设，骨架模板在现场拼装完成后，人工进行安装。模板支设完成后挂线对模板进行精调，确保模板支设尺寸符合要求。模板调整好后对模板进行加固，顶面采用钢管加固，侧面采用砂袋封堵。模板支设好后要经技术员复核无误后才能进行下道工序施工。混凝土浇筑前人工清除基槽表面松散颗粒，洒水湿润。

5. 浇筑骨架混凝土

混凝土浇筑前人工清除基槽表面松散颗粒。混凝土采用混凝土罐车运输，采用滑槽或插入式振捣器振捣。混凝土运至现场后先对混凝土的工作性能进行检查，满足要求后方可进行混凝土浇筑。对于拱形骨架混凝土施工，从坡脚处逐层向路基顶面施工，混凝土浇筑过程中对已成型的坡面采用靠尺进行原浆收面。当混凝土强度达到 2.5MPa 后方可拆除拱形骨架侧模，侧模拆除后应及时对侧面混凝土进行修整。

6. 洒水养护

混凝土浇筑完成后及时对拱形骨架混凝土进行土工布覆盖，洒水养护。养护期为14d。

7. 设置沉降伸缩缝

现浇拱形骨架护坡时，必须每隔 10~15m 在拱顶处自底镶边至顶镶边贯通设置一条沉降缝（缝宽 2cm），缝间采用沥青麻筋进行封闭。

8. 骨架内植物栽植

拱形骨架混凝土养护完成后，对骨架内进行客土回填。回填过程中对边坡进行夯拍密实后进行草籽撒播及植物栽植。

五、喷护与挂网喷护

喷护是岩石边坡常用的支护方式。它指使用混凝土喷射机，按一定的混合程序，将掺有速凝剂的混凝土喷射至岩石边坡上，并迅速凝结成一层支护结构，从而对边坡起到支护的作用。通常因边坡的地质状况辅以钢筋网支护、锚杆支护，称为网喷护及锚网喷护。

实际工程应用时，按照设计文件要求及工程实际地质情况选用合适的喷护方式。

（一）喷射混凝土工艺种类

喷射混凝土分为干喷、湿喷和潮喷。

干喷是将集料、水泥和速凝剂按一定的比例干拌均匀装入喷射机，用压缩空气使干集料在软管内呈悬浮状态送到喷枪，再在喷嘴处与高压水混合以较高速度喷射到岩面上。干喷的主要缺点是粉尘大，喷射物回弹量大。

湿喷是将集料、水泥和水按设计比例拌和均匀，用湿式喷射机压送到喷头处，再在喷头上添加速凝剂后喷出。目前施工现场较多使用的是湿喷工艺。

潮喷是将集料预加少量水，使之呈潮湿状，再加水泥拌和，从而降低上料、拌和与喷射时粉尘。但大量的水仍是在喷头处加入和喷出，其喷射工艺流程和使用机械同干喷工艺。

（二）喷护施工工艺

1. 施工准备

将坡面上的危石、杂草、树木、松土、浮渣清理，并用高压水冲洗坡面，使岩面保持一定湿度。

2. 搭设脚手架平台

用钢管按锚孔横排位置沿坡面坡度搭设双排脚手架工作平台，采用钢管支撑平台架体，脚手架的搭设质量符合施工规范要求。工作平台低于横排锚孔 0.6m，平台上铺设厚度 25mm×3000mm 松木板，平台外边搭设 1.1m 高防护栏杆并设置挡脚板，挡脚板采用

25mm×3000mm 松木板牢固固定在防护栏板上。

3. 测量放样

边坡开挖完成后，按设计立面图要求将锚杆孔位置准确测量放样在坡面上，水平、垂直方向的孔距误差不应大于 100mm。竖肋的具体长度可根据实际边坡高度确定，但锚杆的位置须按等分坡面的长度进行放样，其间距可适当调整。如遇既有刷方坡面不平顺或特殊困难场地时，需经设计监理单位认可。在确保坡体稳定和结构安全的前提下，适当放宽定位精度或调整锚孔定位。

4. 钻孔设备

钻机宜选用 $40m^3$/min 内燃压缩空气为动力的潜孔冲击钻机。

5. 钻机就位

锚孔钻进施工时必须准确安装固定钻机，并严格认真调整机位，确保孔位及倾角符合要求。锚孔偏斜度不大于 2%，钻孔方向与水平面和竖直面的夹角不得与设计角度偏差超过±(1~2°)。

6. 钻孔方式

钻孔要求干钻，禁止采用水钻，以确保锚杆施工不至于恶化边坡岩体的工程地质条件和保证孔壁黏结性能。钻孔速度根据使用钻机性能和锚固地层严格控制，防止钻孔扭曲和变径造成下锚困难或其他意外事故。

7. 钻孔过程

钻孔过程中认真记录岩层的地层岩性和含水状态。钻孔孔深超出锚杆设计长度 10cm。为控制好钻孔角度需设置钻杆定位支架，以减少钻孔角度误差。遇有塌孔时立即停止施钻，拔出钻具，进行水灰比纯水泥固壁注浆，注浆压力为 0.4MPa。待注浆强度达到 70% 后重新钻孔。如二次钻进施工时仍然出现塌孔，需采用跟管钻进技术进行施工。跟管重新钻孔，此时钻孔孔径比设计孔径稍大。

8. 锚孔清理

钻进达到设计深度后不能立即停钻，要求稳钻 1~2min，防止孔底达不到设计的锚固直径。钻孔孔壁不得有黏土或粉砂滞留，必须清理干净。在钻孔完成后使用高压空气（风压 0.2~0.4 MPa）将孔内岩粉或水体全部清除至孔外，以免降低水泥砂浆与孔壁岩土体的黏结强度，防止锚孔不能下到预定深度。若遇锚孔中有承压水流出，待水压、水量变小后方可设置锚杆与注浆，必要时在周围适当部位设置排水孔。

9. 锚孔检验

锚孔钻孔结束经现场监理检验合格后方可进行下一道工序。验孔时采用设计孔径、钻头和标准钻杆进行孔径、孔深检查。验孔过程中钻头平顺推进，不产生冲击或抖动。钻具验送长度满足设计锚孔深度，退钻要求顺畅，用高压风吹验没有明显飞溅尘渣及水体现象。同时要求复查锚孔孔位、倾角和方位，全部锚孔施工分项工作合格后，即可认为锚孔钻造检验合格。

10. 锚杆、锚钉制作、安装

锚杆、锚钉全部在钢筋加工场集中加工好后用自卸汽车运至施工现场。

安装前要确保每根钢筋顺直，除锈、除油污，安装锚杆前再次认真核对锚孔编号。确认无误后再用高压风清孔，人工缓缓将锚杆体放入孔内。用钢尺量出孔外露出的钢杆长度，计算孔内锚杆长度（误差控制在±50mm 范围内），确保锚固长度。

11. 锚杆孔、锚钉孔注浆

锚杆孔宜先安装锚杆再注浆，锚钉孔宜先注浆再立即安插锚钉。

锚杆一般在边坡支护单元安装完成后开始注浆。为避免由于岩层破碎而使锚杆孔之间相互窜浆影响锚杆孔注浆质量，注浆时从最下一排锚杆孔开始注浆，逐排注到最上一排。

注浆前对锚孔用高压风清孔。注浆材料按照配合比配料，采用机械拌和，集中供浆。注浆浆液搅拌均匀，随搅随用，浆液在初凝前用完，严防石块、杂物混入浆液。可采用 HS-4 型双缸灰浆泵，按孔底注浆法注浆。注浆前孔口设置止浆塞，以保证孔内浆液饱满。注浆作业开始和中途停止较长时间，再作业时宜用水或稀水泥浆润滑灰浆泵及注浆管线。当锚杆安装、注浆完成 24h 再进行锚杆孔补浆，将孔口空段补满并且用同种浆体将孔口封堵。

12. 钢筋网制作、安装

可采用钢筋加工场集中制作钢筋网片现场安装或现场直接绑扎钢筋网片的方式施工，施工质量应满足设计及规范要求。

13. 喷射混凝土

喷射混凝土厚度控制可通过标桩法、针探法、钻孔法实现。

①标桩法。把比喷层厚度大 1 倍的钢筋按预定间距用速凝砂浆固定在坡面上，在喷护完成后可以通过测量预设钢筋剩余长度计算喷层厚度。当坡面安装锚杆时可以用锚杆外露部分代替预设钢筋。

②针探法。在施工中可以用探针直接插入未凝固混凝土中测得喷层厚度，这种方法便于施工人员随时掌握喷层厚度。

③钻孔法。用手风钻在已完全凝固的混凝土表面钻孔，从钻孔内侧直接测量喷层厚度，这种方法便于监理部门随时检测。

喷射混凝土施工要点如下：

①采用湿式喷射机喷射混凝土，移动式电动空压机供风。施工前先对机械进行技术检查，对水、风、电路进行检查，合格后方可运转。

②喷射混凝土分段、分片由下而上进行。作业开始时，先送风，后开机，再给料；结束时，待料喷完后，再关机。向喷射机供料时要连续均匀，机器正常运转时，料斗内保持足够的存料。喷层厚度均匀，符合要求。

③喷射时使喷嘴与受喷面间保持适当距离，喷射角度尽可能接近 90°，以获得最大压实度和最小回弹量。喷嘴与受喷面间距控制在 1.5~2.0m。

④养护喷射混凝土终凝 2h 后及时进行养护，养护时间不少于 14d。温度低于 5℃时，禁止洒水养护。

第二章　桥梁基础与下部结构施工技术

第一节　桥梁基础施工技术

一、明挖扩大基础施工技术

明挖扩大基础施工的内容包括：基础的定位放样、基坑开挖、基坑排水、基底处理以及砌筑（浇筑）基础结构物等。

（一）基础定位放样

在基坑开挖前先进行基础的定位放样，以便将设计图上的基础位置准确地设置到桥址上。放样工作根据桥梁中心线与墩台的纵横轴线，推出基础边线的定位点，再放线画出基坑的开挖范围。基坑各定位点的高程及开挖过程中的高程检查，一般用水准测量方法进行。

（二）基坑开挖

基坑开挖的主要工作有：挖掘、出土、支护、排水、防水、清底以及回填等。施工时应根据地质条件、水文条件、基坑开挖深度、开挖所采用的方法和机具等采用不同开挖工艺。

基坑在开挖前通常需完成下列准备工作：施工场地清理、地面水排除、临时道路修筑、供电与供水管线铺设、临时设施搭建、基坑放线等。

场地清理包括拆除房屋，拆迁或改建通信设备、电力设备、上下水管道、其他建筑物，迁移树木等工作。

场地内低洼地区的积水必须排除，同时应注意雨水的排除，使场地保持干燥，以便基坑开挖。

地面水的排除一般采用排水沟、截水沟、挡水土坝等。应尽量利用自然地形来设置排水沟，使水直接排至基坑外或流向低洼处，再用水泵抽走。主排水沟最好设置在施工区域的边缘或道路的两旁，其横断面和纵向坡度应根据最大流量确定。一般排水沟的横断面不小于0.5m×0.5m，纵向坡度一般不小于3‰。平坦地区，如出水困难，其纵向坡度不应小于2‰，沼泽地区可降至1‰。在基坑开挖过程中要注意排水沟保持畅通，必要时应设置涵洞。

1. 土方边坡及其稳定

（1）土方边坡

为了防止塌方，保证施工安全，在开挖超过一定深度时，均应在其边沿做成一定坡度的边坡。

根据各层土质以及土体所受的压力，土方边坡可做成直线形、折线形和台阶形。合理选择基坑边坡是减少土方量的有效措施。

（2）边坡的稳定

基坑边坡的稳定主要是源于土体内土颗粒之间存在摩擦阻力和内聚力，使土体具有一定的抗滑力。当土体的下滑力大于抗滑力，边坡就会失去稳定而发生滑动，这种滑动一般是在一定范围内整体沿某一滑动面向下和向外移动。土体一旦失去平衡，土体就会塌方，不仅会造成人身安全事故影响工期，有时还会危及邻近建筑物的安全。

基坑边坡的失稳往往是在外界不利因素影响下触发和加剧的。这些外界不利因素往往会导致土体剪应力的增加或抗剪强度的降低。

引起土体剪应力增加的因素主要有：坡顶上堆积物、行车等荷载；雨水或地面水渗入土中使土含水量增加而造成土的自重增加；地下水的渗流产生一定的动水压力；土体的竖向裂缝中的积水产生侧向静水压力；边坡过陡、土体本身稳定性不够。

引起土体抗剪强度降低的因素主要有：土质本身较差或因气候影响使土质松软；土含水量增加使土体内聚力降低产生润滑作用；饱和的细砂、粉砂因受振动而液化等。

2. 基坑开挖的方式

基坑开挖的方式与基础埋置深度、地质土的性质、施工周期的长短有关。可分为直立壁开挖、放坡开挖、支护开挖。按其基坑所处的环境可分为陆地基坑开挖和水中基础的基坑开挖两种。

（1）陆地基坑开挖

基坑大小应满足基础施工要求，对有渗水土质明基坑坑底开挖尺寸需按基坑排水设计（包括排水沟、集水井、排水管网等）和基础模板设计而定，一般基底尺寸应比设计平面尺寸各边增宽0.5~1.0m。基坑可采用垂直开挖、放坡开挖、支撑加固或其他加固的开挖方法，具体应根据地质条件、基坑深度、施工期限与经验，以及有无地表水或地下水等现场因素确定。

①坑壁不加支撑的基坑

对于以下情况：在干涸无水河滩、河沟中，或有水经改河或筑堤能排除地表水的河沟中；地下水位低于基底，或渗透量少，不影响坑壁稳定；基础埋至不深（一般在 5m 以内），施工期较短，挖基坑时不影响临近建筑安全的施工场所。可考虑选用坑壁不加支撑的基坑。

坑壁不加支护的基坑开挖时坑壁依靠土体本身的抗剪强度，或采取适量放坡的方式解决边坡的稳定问题。

基坑开挖时坑壁的形式有直坡式、斜坡式等。

直坡坑壁基坑：当基础土质均匀，地下水位低于基坑，基坑顶边缘无荷载，土体处于半干硬或硬塑状态时，可采用坑壁不加支护而垂直开挖的方法。如果坑壁垂直开挖超过挖深限值时可采取踏步式坑壁开挖法或考虑放坡开挖以及做成直立壁加支撑。

斜坡坑壁基坑：在天然土层挖基坑，若深度在 5m 以内，施工期较短，基底处于地下水位以下且土的湿度正常，构造均匀时，可采用放坡开挖。如果基坑开挖通过不同的土层时，可按土层分层选定边坡坡度，并留出至少 0.5m 宽的台阶。若土的湿度过大，可能引起坑壁坍塌时，坑壁坡度应采用该湿度下土的天然坡度。

②坑壁有支撑的基坑

当基坑壁坡不易稳定并有地下水渗入，或放坡开挖场地受到限制，或基坑较深、放坡开挖工程数量较大，不符技术经济要求时，可视具体情况采用以下的加固坑壁措施，如挡板支撑、钢木结合支撑、混凝土护壁及锚杆支护等。常用的坑壁支撑形式有：直衬板式坑壁支撑、横衬板式坑壁支撑、框架式支撑及其他形式的支撑（如锚桩式、锚杆式、锚锭板式、斜撑式等）。

（2）水中基础的基坑开挖

桥梁墩台基础大多位于地表水位以下，有时水流还比较大，施工时都希望在无水或静止水的条件下进行。桥梁水中基础最常用的施工方法是围堰法。围堰的作用主要是防水和围水，有时还起着支撑施工平台和基坑坑壁的作用。公路桥梁常用的围堰的类型有：土石围堰、木笼围堰或竹笼围堰、钢板桩围堰、套箱围堰。

围堰必须满足以下的要求：①围堰顶高宜高出施工期间最高水位 700mm，这一数值最低不应小于 500mm，用于防御地下水的围堰宜高出水位或地面 200~400mm。②围堰的外形应适应水流排泄，大小不应压缩流水断面过多，以免壅水过高危害围堰安全，以及影响通航、导流等。围堰内形应适应基础施工的要求，并留有适当的工作面积。堰身断面尺寸应保证有足够强度和稳定性，使基坑开挖后，围堰不致发生破裂、滑动或倾覆。③围堰要求防水严密，应尽量采取措施防止或减少渗漏，以减轻排水工作。对围堰外围边坡的冲刷和筑围堰后引起的河床的冲刷均应有防护措施。④围堰施工一般应安排在枯水期间进行。

（三）基坑排水

桥梁基础施工中常用的基坑排水方法有：

1. 集水坑排水法

除严重流沙外，一般情况下均可采用。基坑坑底多位于地下水位以下，而地下水会经常渗进坑内，因此必须设法将坑内的水排除，以便于施工。集水坑（沟）的大小主要根据渗水量的大小而定，排水沟底宽不小于0.3m，纵坡为1%~5%。如排水时间较长或土质较差时，沟壁可用木板或荆篱支撑。

2. 其他排水法

对于土质渗透较大、挖掘较深的基坑可采用板桩法或沉井法。此外，视现场条件、工程特点及工期等因素，还可采用帷幕法，即将基坑周围土用硅化法、水泥灌浆法、沥青灌浆法以及冻结法等处理成封闭的不透水的帷幕。这种方法除自然冻结法外，其余均因设备多、费用大，在桥涵基础施工时较少采用。

（四）基底处理与检验

1. 基底处理

天然地基上的基础是直接靠基底土壤来承担荷载的，故基底土壤状态的好坏对基础及墩台、上部结构影响极大，不能仅检查土壤名称与容许承载力大小，还应为土壤更有效的承担荷载创造条件，即要进行基底处理工作。

（1）未风化岩石基底

对未风化岩层开挖至岩层面后，应清除岩面松碎石块，凿出新鲜岩面，并用水冲洗干净，岩面不得存有淤泥、苔藓等表面附着物。岩面倾斜时，应将岩面基本凿平或凿成台阶。对基坑内岩面有部分破碎带时，应会同设计人员研究处理，采用混凝土封填或设混凝土拱等方法进行处理，以满足承载力的要求。

（2）风化岩层基底

岩石的风化程度对其承载力影响很大。在井挖至风化岩层时，应会同设计人员认真观察其风化程度，检查基底是否符合设计承载力要求。按设计要求适当凿去风化表层，或清理到新鲜岩面，将基坑填满封闭，防止岩层继续风化。

（3）碎石或砂类土层

将基底修理平整并夯实，砌筑基础混凝土时，应先铺一层20mm厚水泥砂浆。

（4）黏土基底

基坑开挖时留200～300mm深度不挖，以防止地面、地下水渗流至基面，浸泡基面，降低强度。砌筑前再用铁锹加以铲平。如基底原状土含水量较大或在施工中浸水泡软，可在基坑中夯入100mm以上厚度的碎石，但碎石顶面不得高于设计高程。当基底土质不均，部分软土层厚度不大时，可挖除后换填砂土并分层夯实。

（5）湿陷性黄土

湿陷性黄土地基开挖时，必须保持基坑不受水浸泡，并尽量避免在雨期施工，否则应有专门的防洪排降水设施，并应按设计要求采用重锤夯实、换填或挤密桩法进行加固。

（6）软土层

软土地基应按设计要求进行加固，可采用换土、砂井、砂桩或其他软土地基处理方法。在软土地基上修建桥梁时，应按设计预留沉降量。采用砂井加固的软土地基，按设计要求采取预压。桥涵主体必须分期均匀施工。在砌筑墩台、填土和架梁工程中，随时观测软土地基的沉降量，用以控制施工进度，使软土地基缓慢平均受载，防止发生剧烈变化或不均匀下沉。

（7）泉眼

对于泉眼应用堵塞或导流的方法处理。泉眼水流较小时可用木塞、速凝水泥砂浆、带螺帽钢管等堵塞泉眼。堵眼有困难时采用竹管、塑料管或钢管引流，待基础圬工灌注完后，向管内压浆将其封闭，也可在基底以下设置暗沟或盲沟，将水引至基础施工以外的汇水井中抽排，施工完后用水泥砂浆封闭。

（8）溶洞地基

在地基下出现溶洞时，应会同设计部门研究处理，一般采取以下加固措施进行处理：①首先用勘测方法探明溶洞形态、深度和范围，以便采取处理方法。②当溶洞埋深较浅时可用高压射水清除溶洞中的淤泥，灌注混凝土进行填充；当溶洞较深且狭窄、洞内土壤不易清除时可在洞内打入混凝土桩。③当洞处在基础底面、溶洞窄且深时可用钢筋混凝土板盖在溶洞上面，跨越溶洞。④当埋藏较深溶洞内有部分软黏土时可用钻机钻孔，从孔中灌入砂石混合料并压灌水泥砂浆封闭。

2. 基底检验

基坑已挖至基底设计高程或已按设计要求加固、处理完毕后，须经过基底检验方可进行基础结构施工。

基坑施工是否符合设计要求，在基础浇筑前应按规定进行检验。其目的在于：确定地基的容许承载力的大小、基坑位置与高程是否与设计文件相符，以确保基础的强度和稳定性，不致发生滑移等病害。基底检验的主要内容包括：检查基底平面位置、尺寸大小，基底高程；检查基底土质均匀性、地基稳定性及承载力等；检查基底处理和排水情况；检查施工日志及有关试验资料等。

为使基底检验及时，以免因等候检验、基底暴露时间过久而风化变质，施工负责人应提前通知检验人员安排检验。

（1）检验内容

①检查基坑的平面位置、坑底尺寸、高程是否符合设计要求，偏差是否在现行有关规定允许范围以内。

②检验基坑底面土质及其均匀性、稳定性，坑壁坡面是否平顺稳定，有无排水措施，容许承载力能否满足设计要求。

③检查基坑和地基加固、处理过程中的有关施工记录和试验等资料。

④检查基底地基经加固、处理后的效果是否达到设计要求。

（2）检验方法

①小桥和涵洞基底的地基检验。一般经过直观或触探确定土质与设计要求符合时即可签认进行基础浇筑。经过直观或触探对土质有疑问时，应取土样做土的物理力学性能试验，如颗粒分析、天然密度、天然含水量、天然孔隙比、液限、塑限、密度、可塑性、压缩性和抗剪强度等，以鉴定土的容许承载力，或钻探2~4m以上，检查下卧层土质。特殊设计的小桥涵洞对地基沉降有严格要求，当属于不良土质情况时，宜进行载荷试验。

②大、中桥和填土在12m以上涵洞基底的地基检验。一般由检验人员用直观、触探、挖试坑或钻探（钻探至少4m以上）试验等方法确定土质容许承载力，确认符合设计要求后，即可进行基础施工。在地质特别复杂，或在设计文件中有特殊要求时，才做载荷试验。必要时还应做土工试验，与载荷试验核对。在特殊地基上已加固处理又经触探、密实度检验后，尚有疑问时，则应再做载荷试验。确认符合设计要求后，才能进行基础圬工施工。

③检验注意事项。地基经检验后需要做大的加固处理时，应由施工单位邀请建设单位及设计单位共同研究确定。加固处理完毕，应再经检验合格后，方可进行基础施工。桥涵

地基检验除了进行平面尺寸和地基变形观测外，检验方法主要有静力触探、动力触探、标准贯入试验，土压力、孔隙水压力及土位移测试，载荷试验、旁（横）压试验，排水固结法加固的地基有时还需做十字板剪切试验。无论何种测试方法一定的局限性，故宜采用多种方法进行综合评价。现场测试要辅以取样，做室内土工试验，如加固设计已规定有检验项目和检验方法的，按设计规定办理。为了有较好的可比性，加固前后两次的测试项目应力求对应，最好由同一组织、用同一仪器按同一标准进行。检验后按规定格式填写地基检验表，由参加检验人员会签，作为竣工验收的原始资料。

（五）基础浇筑

基础施工分为无水浇筑、排水浇筑和水下浇筑三种情况。

排水浇筑的要点是：确保在无水状态下砌筑圬工；禁止带水作业及用混凝土将水赶出模板外灌注方法；基础边缘部分应严密隔水；水下部分圬工必须待水泥砂浆或混凝土终凝后才允许浸水。

水下浇筑混凝土只有在排水困难时采用。基础圬工的水下灌注分为水下封底和水下直接灌筑基础两种。前者封底后仍要排水再砌筑基础，封底只是起封闭渗水的作用，其混凝土只作为地基而不作为基础本身，适用于板桩围堰开挖的基坑。浇筑基础时，应做好与台身、墩身的接缝联结，一般要是求：①混凝土基础与混凝土墩台身的接缝，周边应预埋直径不小于 16mm 的钢筋或其他铁件，埋入与露出的长度不应小于钢筋直径的 20 倍。②混凝土或浆砌片石墩台身的接缝，应预埋片石，片石厚度不应小于 150mm，片石的强度要求不低于基础或墩台身混凝土或砌体的强度。

二、钻孔灌注基础施工技术

（一）场地准备

钻孔前要进行准备工作，其内容包括：①场地为旱地时，应除杂物，换除软土，整平夯实。②场地为陡坡时，可用枕木、型钢等搭设工作平台。③场地为浅水时，宜采用筑岛施工，筑岛面积应根据钻孔方法、设备大小等要求确定。④场地为深水或淤泥较厚时，可搭设工作平台，平台必须牢固稳定，能承受工作时所有静、动荷载并考虑施工机械能安全进出。

（二）设备准备

根据地质资料确定科学合理的钻孔方法和钻孔设备，架设好电力线路，配备适合的变压器。若用柴油机提供动力，则应购置与设备动力相匹配的柴油机和充足的燃油。混凝土拌和机、电焊机、钢筋切割机、水泥、砂石材料均要在钻孔开始前准备妥当。

（三）埋设护筒

可以采用钢护筒也可以采用现场预制的钢筋混凝土护筒，在放样好的桩位处开挖一个圆形基坑将护筒埋入。护筒应坚实、不漏水，护筒内径应比桩径大20~30cm。采用反循环钻时应使高出地下水位2.0m；采用正循环钻时应护筒顶高程高出地下水位1.0~1.5m；处于旱地时，护筒在满足上述条件的基础上还应高出地面0.3m。

（四）泥浆制备

钻孔泥浆由水、黏土（膨润土）和添加剂组成。具有浮悬钻渣、冷却钻头、润滑钻具、增大静水压力，并有在孔壁形成泥膜、隔断孔内外渗流、防止坍孔的作用。调制的钻孔泥浆及经过循环净化的泥浆，应根据钻孔方法和地层情况采用不同的性能指标。泥浆稠度应视地层变化或操作要求灵活掌握。泥浆太稀，排渣能力小，护壁效果差；泥浆太稠，会削弱钻头冲击功能，降低钻进速度。

通常采用塑性指数大于25、粒径小于0.002mm、颗粒含量大于500%的黏土，通过泥浆搅料机或人工调和，储存在泥浆池内，再用泥浆泵输入钻孔内。泥浆泵应有足够的流量，以免影响钻进速度。大直径深孔采用正循环旋转法施工时，泥浆泵应经过流量和泵压计算来选择。对孔深百米以内的钻孔，一般可采用不小于2 MPa的泵压。

（五）施工方法

1. 基础施工

钻孔就位前应对钻孔的各项准备工作进行检查，包括场地与钻机坐落处的平整和加固，主要机具的检查与安装。必须及时填写施工记录表，交接班时应交代钻进情况及下一班应注意事项。钻机底座和顶端要平稳，在钻进和运行中不应产生位移和沉陷。回转钻机顶部的起吊滑轮缘、转盘中心和桩位中心三者应在同一铅垂线上，偏差不超过2cm。钻孔作业应分班连续进行，经常对钻孔泥浆性能指标进行检验，不符合要求时要及时改正。

冲击法：用冲击钻机或卷扬机带动冲锥，借助锥头自重下落产生冲击力，反复冲击破碎土石或把土石挤入孔壁中，用泥浆浮起钻渣，或用抽渣筒或空气吸泥机排出而形成钻孔。

冲抓法：用冲抓锥靠自重产生冲击力，切入土层或破碎土层，叶瓣抓土、弃土以形成钻孔。

旋转法：用钻机通过钻杆带动锥或钻头旋转切削土，用泥浆浮起并排出钻渣形成钻孔。

2. 钻孔

一般采用螺旋钻头或冲击锥等成孔或用旋转机具辅以高压水冲成孔。根据井孔中土（钻渣）的取出方法不同，常用的方法是：螺旋钻孔、正循环回转钻孔、反循环回转钻孔、潜水钻机钻孔、冲抓钻孔、冲击钻孔、旋挖钻机钻孔。

正循环回转钻孔：利用钻具旋转切削土体钻进，泥浆泵将泥浆压进泥浆龙头，通过钻杆中心从钻头喷入钻孔内，泥浆挟带钻渣沿钻孔上升，从护筒顶部排浆孔排出至沉淀池，钻渣在此沉淀而泥浆流入泥浆池循环使用。其特点是钻进与排渣同时连续进行，在适用土层中钻进速度较快，但需设置泥浆槽、沉淀池等，施工占地较多且机具设备较复杂。

反循环回转钻孔：与正循环不同的是泥浆输入钻孔内然后从钻头的钻杆下口吸进，通过钻杆中心排至沉淀池。其钻进与排渣效率较高，但接长钻杆时装卸麻烦，钻渣容易堵塞管路。另外，因泥浆是从上向下流动，孔壁坍塌的可能性较正循环的大，为此需用较高质量的泥浆。

旋挖钻机钻孔：旋挖钻机是一种高度集成的桩基施工机械，采用一体化设计、履带式360°回转底盘及桅杆式钻杆，一般为全液压系统。旋挖钻机采用筒式钻斗，钻机就位后，调整钻杆垂直度，注入调制好的泥浆，然后进行钻孔。当钻头下降到预定深度后，旋转钻斗并施加压力，将土挤入钻斗内，仪表自动显示筒满时，钻斗底部关闭，提升钻斗将土卸于堆放地点。钻进施工过程中应保证泥浆面始终不得低于护筒底部，保证孔壁稳定性。通过钻斗的旋转、削土、提升、卸土和泥浆撑护孔壁，反复循环直至成孔。

旋挖钻机特殊的桶型钻头直接取土出渣，不需接长钻杆，钻孔时孔口注浆以保持孔内泥浆高度即可，大大缩短成孔时间，提高施工效率。由于带有自动垂直度控制和自动回位控制，成孔垂直度和孔位等能得到保证。桶钻取土上提过程中对孔壁扰动较小，桶钻周边设有溢浆孔，溢出泥浆可起到起护壁作用。

旋挖钻机一般适用黏土、粉土、砂土、淤泥质土、人工回填土及含有部分卵石、碎石的地层。对于具有大扭矩动力头和自动内锁式伸缩钻杆的钻机，可适用微风化岩层的钻孔施工。

3. 孔径检查与清孔

钻孔的直径、深度和孔形直接关系到成桩质量，是钻孔桩成败的关键。为此，除了钻孔过程中严谨操作、密切观测监督外，在钻孔达到设计要求深度后应采用适当器具对孔深、孔径、孔形等认真检查，符合设计要求后填写终孔检查表。

清孔的方法有抽浆法、换浆法、掏渣法、喷射清孔法以及用砂浆置换钻渣清孔法等，应根据设计要求、钻孔方法、机具设备和土质条件决定。其中抽浆法清孔较为彻底，适用于各种钻孔方法的灌注桩。对孔壁易坍塌的钻孔，清孔时操作要细心，防止坍孔。

清孔的质量要求：对摩擦桩，孔底沉淀土的厚度，中、小桥不得大于（0.4~0.6）d（d以为桩的直径），大桥按设计文件规定。清孔后的泥浆性能指标，含砂率为4%~8%，相对密度为1.10~1.25，黏度为18~20s。对支承桩（柱桩、嵌岩桩），宜用抽浆法清孔，并宜清理至吸泥管出清水为止。灌注混凝土前，孔底沉淀土厚度不得大于50mm。若孔壁易坍塌，必须在泥浆中灌注混凝土时，建议采用砂浆置换钻渣清孔法，清孔后的泥浆含砂率不大于4%。其他泥浆性能指标同摩擦桩要求。对于沉淀土厚度的测量，用冲击、冲抓锤时，沉淀土厚度从锥头或抓锥底部所到达的孔底平面算起。沉淀土厚度测量方法可在清孔后用取样盒（开口铁盒）吊到孔底，待灌注混凝土前取出，直接测量沉淀在盒内的沉渣厚度。

4. 钢筋笼制作与吊装

钢筋笼的制作应符合设计和规范要求，长桩骨架宜分段制作，分段长度应根据吊装条件确定；后场制作时应在固定胎架上进行，以保证钢筋笼的顺直；注意在钢筋笼外侧设置控制保护层厚度的垫块；钢筋笼起吊入孔一般用吊机，无吊机时可采用钻机钻架、灌注塔架。

5. 灌注混凝土

（1）灌注普通混凝土

土中形成一定直径的井孔，达到设计标高后将钢筋骨架（笼）吊入井孔中，灌注混凝土形成桩基础。每根灌注桩应留取混凝土抗压强度试件不少于2组。同时应以钻取芯样法或超声波法、机械阻抗法、水电效应法等无破损检测法对桩的匀质性进行检测。检测应符合下列规定：其一，宜对各墩台有代表性的桩用无破损法进行检测，重要工程或重要部位的桩宜逐根检测。其二，对质量有怀疑的桩及因灌注故障处理过的桩，均应进行检测。

（2）灌注水下混凝土

灌注水下混凝土时搅拌机等设备，应能满足桩孔在规定时间内灌注完毕。灌注时间不得长于首批混凝土初凝时间。若估计灌注时间长于首批混凝土初凝时间，则应掺入缓凝剂。

水下混凝土一般用钢导管灌注，导管内径为200~350mm，视桩径大小而定。导管使用前应进行水密承压和接头抗拉试验，严禁用压气试压。

混凝土拌和物运至灌注地点后，应检查其均匀性和坍落度等，如不符合要求应进行第二次拌和，二次拌和后仍不符合要求时不得使用。

首批灌注混凝土的数量应满足导管首次埋置深度和填充导管底部的需要。首批混凝土拌和物下落后混凝土应连续灌注。

在灌注过程中导管的埋置深度宜控制在2~6m，在灌注过程中应经常测探井孔内混凝土面的位置，及时地调整导管埋深。

为防止钢筋骨架上浮，当灌注的混凝土顶面距钢筋骨架底部1m左右时应降低混凝土的灌注速度。当混凝土拌和物上升到骨架底口4m以上时提升导管，使其底口高于骨架底部2m以上，即可恢复正常灌注速度。

在灌注过程中特别是潮汐和有承压水地区，应注意保持孔内水头。

在灌注过程中应将孔内溢出的水或泥浆引流至适当地点处理，不得随意排放，污染环境及河流。

灌注中发生故障时应查明原因，确定合理处理方案及时处理。

混凝土应连续灌注直至灌注到设计的混凝土顶面，以保证截切面以下的全部混凝土具有优良质量。

第二节　桥梁下部结构施工技术

一、墩、台施工技术

（一）桥梁墩台的构成及典型墩台构造图

桥梁墩台主要由墩（台）帽、墩（台）身和基础三部分组成。主要作用是承受上部结构传来的荷载并通过基础又将该荷载及自重传递给地基。

1. 桥墩

桥墩指多跨桥梁的中间支承结构物，除承受上部结构的荷载外，还要承受流水压力、风力及可能出现的冰荷载、船只、排筏或漂浮物的撞击力。

2. 桥台

支撑桥跨结构物同时衔接两岸接线路堤构筑物，起到挡土护岸和承受台背填土及填土上车辆荷载附加内力的作用。桥台分重力式桥台和轻型桥台两大类。

轻型桥台力求体积轻巧、自重小，借助结构物的整体刚度和材料强度承受外力，可节省材料，降低对地基强度的要求，可用于软土地基。

（1）设有支撑梁的轻型桥台

这种桥台台身为直立的薄壁墙，台身两侧有翼墙，在两桥台下部设置钢筋混凝土支撑梁，上部结构与桥台通过锚栓连接，于是便构成四铰框架结构系统，并借助两端台后的被动土压力来保持稳定。

（2）埋置式桥台

埋置式桥台适用于桥头为浅滩，锥坡受冲刷小的桥梁，是将台身埋在锥形护坡中，只露出台帽在外以安置支座及上部构造，桥台所受土压力小，桥台体积也相应减小，但锥坡伸入到桥孔，压缩了河道，有时需增加桥长。

（二）整体式墩、台施工要点

1. 混凝土及钢筋混凝土墩、台施工要点

（1）墩台施工前应在基础顶面放出墩、台中线和墩、台内、外轮廓线的准确位置。

（2）现浇混凝土墩、台钢筋的绑扎应和混凝土的浇筑配合进行。在配置垂直方向的钢筋时应有不同的长度，以使同一断面上的钢筋接头能符合《公路桥涵施工技术规范》（JTG/T 3650—2020）的有关规定。水平钢筋的接头也应内外、上下互相错开。

（3）注意掌握混凝土的浇筑速度。

（4）若墩、台截面积不大时，混凝土应连续一次浇筑完成，以保证其整体性。若墩、台截面积过大，应分段分块浇筑。

（5）在混凝土浇筑过程中应随时观察所设置的预埋螺栓、预埋支座的位置是否移动，若发现移位应及时校正。浇筑过程中还应注意模板、支架情况，如有变形或沉陷应立即校正并加固。

（6）高大的桥台，若台身后仰，本身自重力偏心较大，为平衡台身偏心，施工时应在填筑台身四周路堤土方的同时砌筑或浇筑台身，防止桥台后倾或向前滑移。未经填土的台身施工高度一般不宜超过 4m，以免偏心引起基底不均匀沉陷。

（7）V 形、Y 形和 X 形桥墩的施工方法与桥梁结构体系有密切关系。通常把这种桥梁划为V形墩结构、锚跨结构和挂孔部分3个施工阶段。其中V形墩是全桥施工的重点，它由两个斜腿和其顶部主梁组成倒三角形结构。

2. 片石混凝土或片石混凝土砌体墩、台施工要点

在浇筑实体墩台和厚大无筋或稀配筋的墩台混凝土时，为节约水泥，可采用片石混凝土或片石混凝土砌体。

（1）当采用片石混凝土时，混凝土中允许填充粒径大于150mm的石块（片石或大卵石），并应遵守下列规定：①填充石块的数量不宜超过混凝土结构体积的25%。②应选用无裂纹、夹层和未煨烧过的并具有抗冻性的石块。③石块的抗压强度应符合《公路桥涵施工技术规范》（JTG/T 3650—2020）的有关规定，与对碎石、卵石的要求相同。④石块在使用前应仔细清扫，并用水冲洗干净。⑤石块应埋入新浇筑捣实的混凝土中一半左右。受拉区混凝土不宜埋放石块；当气温低于0℃时，应停埋石块。⑥石块应在混凝土中分布均匀，两石块间的净距不应小于100mm，以便捣实其间的混凝土。石块距表面（包括侧面与顶面）的距离不得小于150mm，具有抗冻要求的表面不得小于300mm，并不得与钢筋接触和碰撞预埋件。

（2）当采用片石混凝土砌体时，石块含量可增加到砌体体积的50%~60%，石块净距可减为40~60mm，其他要求与片石混凝土相同。

3. 装配式桥墩施工要点

装配式桥墩主要采用拼装法施工。它用于预应力混凝土、钢筋混凝土薄壁墩、薄壁空心墩或轻型桥墩。拼装式桥墩主要由就地浇筑实体部分墩身和基础与拼装部分墩身组成。实体墩身与基础采用就地现浇施工时，在浇筑实体墩身与基础时应考虑其与拼装部分的连接、抵御洪水和漂流物的冲击、锚固预应力筋、调节拼装墩身的高度等问题。

装配部分墩身由基本构件、隔板、顶板和顶帽组成，在工厂制作，运到桥位处拼装成桥墩。装配部分墩身的分块，要根据桥墩的结构形式、吊装、起重工具和运输能力决定。要尽可能使分块大、接缝小，按照设计要求定型生产为宜。加工制作出来的拼装块件要质量可靠、尺寸准确、内外壁光洁度高。拼装要根据施工现场的地形、水文、运输条件以及墩的高度、起吊设备等具体情况拟定施工细则，认真组织实施。决定拼装方法时应注意预埋件的位置，接缝处理要牢固密实，预留孔道要畅通。

预应力混凝土空心墩的主要施工工艺流程为：①浇筑桥墩基础。②浇筑实体墩身（包括预埋锚固件和连接件）。③安装预制的墩身构件包括：预制构件分块、模板制作及安装（在工厂进行）、制孔（在工厂进行）、预制构件浇筑（在工厂进行）、预制构件运输至桥

位、安装墩身预制块件。④施加预应力。⑤孔道压浆。⑥封锚。

（三）高桥墩施工要点

1. 提升模板施工法

（1）单面整体提升模板法

单面整体提升模板可分为拼装式模板和自制式模板。索塔施工时应分节段支模和浇筑混凝土，每节段的高度应视索塔尺寸、模板数量和混凝土浇筑能力而定，一般宜为3~6m。用倒链或吊机吊起大块模板，安装好第一节段模板。在浇筑第一节段混凝土时，应在塔身内预埋螺栓，以支承第二节段模板和安装脚手架。

（2）翻模法

这种模板系统依靠混凝土对模板的黏着力自成体系，且制造简单、构件种类少，模板的大小可根据施工能力灵活选用，混凝土接缝较易处理，施工速度快。

但模板本身不能提升，要依靠塔吊等起重设备提升。

施工程序为先安装第一层模板（接缝节+标准节+接缝节），浇筑混凝土，完成一个基本节段的施工；以已浇混凝土为依托，拆除最下一层的接缝节和标准节（顶节接缝节不拆），向上提升，将标准节接于第一层的顶节接缝节上，并将拆下的接缝节立于标准节上，安装对拉螺杆和内撑，完成第二层模板安装。

（3）爬模法

爬模按提升设备不同可分为倒链手动爬模、电动爬架拆翻模和液压爬升模。

①倒链手动爬模

此种装置一般由钢模、提升桁架及脚手架三部分组成，其中钢模由背模、前模及左、右侧模组成。其施工要点是：利用提升架上的起重设备，拆除下一节钢模，将其安装到上一节钢模上，浇筑上节钢模内的混凝土并养护；同时绑扎待浇筑节段的钢筋，待混凝土达到规定强度后，用倒链将提升架沿背模轨向上提升（倒链的数量、起吊力的选择一定要依据可提升物的重力等考虑足够的安全系数，并考虑做保险链），再拆除最下节钢模。如此循环操作，全部施工设备随塔柱的升高而升高。

②电动爬架拆翻模

此种装置由模架、模板、电动提升系统和支承系统四部分组成。其施工步骤为模架爬升、模板拆除、钢筋安装和混凝土施工。

③液压爬升模

此种装置由模板系统、网架主工作平台、液压提升系统等组成。当一个节段的混凝土已浇筑并达到规定强度后，即可进行模板的爬升。先将上爬架的支腿（爬靴）收紧、以缩小外廓尺寸，然后操作液压控制台开关，两顶升油缸活塞杆支承在下爬架上，两缸体同时向上顶升，并通过上爬架、外套架带动整个爬模向上爬升。待行程达到要求的高度时，停止爬升，调节专门杆件，伸出支腿，并使就位爬靴支在爬升支架上，然后操纵液压控制台，使活塞杆收回，带动下爬架、内套架上升就位，并把下爬架支腿支撑好。爬升就位后，拆下一节模板，同时绑扎钢筋，并将拆下的模板立在上一节模板顶部，再进行下一个节段施工。

2. 滑动模板法

（1）基本原理

滑动模板将板悬挂在工作平台的围圈上，沿着所施工的混凝土结构截面的周界组拼装配，并随着混凝土的浇筑由千斤顶带动向上滑升。

（2）基本构造

滑动模板的构造由于桥墩类型、提升工具的类型不同而稍有差异，但其主要部件与功能则大致相同。一般主要由工作平台、内外模板、混凝土平台、工作吊篮和提升设备等组成。

（3）施工工序要点

①滑模组装

在基础顶面搭枕木垛，定出桥墩中心线；在枕木垛上先安装内钢环，并准确定位，再依次安装辐射梁、外钢环、立柱、顶杆、千斤顶、模板等。

提升整个装置，撤去枕木垛，再将模板落下就位，随后安装余下的设施。内外吊架待模板滑至一定高度时，及时安装。模板在安装前，表面需涂润滑剂，以减小滑升时的摩擦阻力。

组装完毕后，必须按设计要求及组装质量标准进行全面检查，并及时纠正偏差。

②浇筑混凝土

滑模宜浇筑低流动性或半干硬性混凝土，浇筑时应分层、分段地对称进行，分层厚度以 200~300mm 为宜，浇筑后混凝土表面距模板上缘宜有 100~150mm 的距离。混凝土入模时要均匀分布，应采用插入式振捣器捣固，振捣时应避免触及钢筋模板，振捣器插入一层混凝土的深度不得超过 50mm；脱模时混凝土强度应为 0.2~0.5MPa，以防在其自重压力下坍塌变形。为此，可根据气温、水泥强度等级经试验后选定一定量的早强剂掺入，以加强提升混凝土的强度；脱模后 8h 左右开始养护，用吊在下吊架上的环绕墩身的带小孔的水管来进行。养护水管一般设在距模板下缘 1.8~2.0m 处效果较好。

③提升与收坡

整个桥墩浇筑过程可分为初次滑升、正常滑升和末次滑升三个阶段。

从开始浇筑混凝土到模板首次试升为初次滑升阶段，初灌混凝土高度一般为600~700mm，分3次浇筑，在底层混凝土强度达到0.2~0.4 MPa时即可试升。将所有千斤顶同时缓慢提升50mm，以观察底层混凝土的凝固情况。现场鉴定可用手指按刚脱模的混凝土表面，基本按不动，但留有指痕，砂浆不沾手，用指甲划过有痕，滑升时能听到“沙沙”的摩擦声，这些混凝土已具备0.2~0.4MPa的脱模强度，可以开始再缓慢提升200mm左右。初升后全面检查设备，即可进入正常滑升阶段，即每浇筑一层混凝土，滑模提升一次，使每次浇筑的高度与每次提升的高度基本一致。在正常气温条件下，提升时间不宜超过lh。末次滑升阶段是混凝土已经浇筑到需要高度，不再继续浇筑，但模板尚需继续滑升的阶段。灌完最后一层混凝土后，每隔1~2 h将模板提升50~100mm，滑动2~3次后即可避免混凝土与模板黏结。滑模提升时应做到垂直、均衡一致，顶架间高差不大于20mm，顶架和模板水平高差不大于5mm。并要求三班连续作业，不得随意停工。

④接长顶杆、绑扎钢筋

模板每提升至一定高度后就需要穿插进行顶杆、绑扎钢筋等工作。为不影响提升的时间，钢筋接头均应事先配好，并注意将接头错开。对预埋件及预埋的接头钢筋，滑模抽离后，要及时清理，使之外露。

⑤混凝土停工后的处理

在整个施工过程中由于工序的改变或发生意外事故，使混凝土的浇筑工作停止较长的时间，即需要进行停工处理。例如，每隔半小时左右稍微提升模板一次，以免黏结。停工时在混凝土表面要插入短钢筋等，以加强新老混凝土的黏结；复工时还需要将混凝土表面凿毛，用水冲走残渣，湿润混凝土表面，灌注一层厚度为20~30mm的1∶1水泥砂浆，然后再浇筑原配合比的混凝土，继续滑模施工。

二、盖梁施工技术

（一）墩、台帽施工

1. 放样

墩、台混凝土浇筑或砌石砌至离墩、台帽下缘300~500mm高度时，即需测出墩、台帽纵横中心轴线，并开始竖立墩、台帽模板，安装锚栓孔或安装预埋支座垫板，绑扎钢筋等。桥台台帽放样时应注意不要以基础中心线作为台帽背墙线。模板立好后在浇筑混凝土前应再次复核，以确保墩、台帽中心、支座垫石等位置、方向和高程不出差错。

2. 模板

（1）混凝土和钢筋混凝土墩、台帽模板

墩、台帽系支承上部结构的重要部分，其位置、尺寸和高程的准确度要求较严，墩、台身混凝土浇筑至墩、台帽下缘 300~500mm 处就应停止浇筑，以上部分待墩、台帽模板立好后一次浇筑，以保证墩、台帽底有足够厚度的紧密混凝土。

台帽背墙模板应特别注意纵向支承或拉条的刚度，防止浇筑混凝土时发生鼓肚，侵占梁端空隙。

（2）桩柱墩帽模板

桩柱墩帽亦称盖梁，除装配式的以外，需要现场立模浇筑。盖梁圬工体积小，有条件利用钢筋混凝土桩柱本身作模板支承。其方法是用两根木梁将整排柱用螺栓相对夹紧，上铺横梁，横梁间衬以方木调节间距，也可用螺栓隔桩柱成对夹紧，在横梁上直接安装底模板。两侧模板借助于横梁、上拉杆和一对三角撑所组成的方框架来固定。所有框架、棒眼及角撑均预先制好，安装时只用木楔模紧框构四周，就能迅速而正确地使模板定位。

3. 钢筋网、预埋件、预留孔等的安装

（1）钢筋网的安装

梁桥墩、台帽支座处一般均布设 1~3 层钢筋网。当墩、台帽为素混凝土或虽为配筋混凝土但钢筋网未设置架立钢筋时，施工时应根据各层钢筋网的高度安排墩、台帽混凝土的浇筑程序。为了保证各层钢筋网位置正确，应在两侧板上画线，并加设钢筋网的架立钢筋和定位钢筋，以免振捣混凝土时钢筋网发生位移。

（2）墩、台的预埋件的种类

①支座预埋件有以下几类：平面钢板支座的下锚栓及下垫板；切线式支座的下锚栓及垫板；摆柱式支座的锚栓及垫板；盆式橡胶支座的固定锚栓。

②防振锚栓。

③装配式墩、台帽的吊环。

④供运营阶段使用的扶手、检查平台和护栏等。

⑤供观测用的标尺。

⑥防振挡块的预埋钢筋。

预埋件施工应注意下述各点：①为保证预埋件位置准确应对预埋件采取固定措施，以免振捣混凝土时发生移动。②预埋件下面及附近的混凝土应注意振捣密实，对具有角钢筋的预埋件尤应注意加强捣实。③预埋件在墩、台帽上的外露部分要有明显标志，浇至顶层混凝土要注意外露部分尺寸准确。④在已埋入墩、台帽内的预埋件上施焊时应尽量采用细焊条、小电流、分层施焊，以免烧伤混凝土。

（3）预留孔的安装

墩、台帽上的预留锚栓孔须在安装墩、台帽模板时，安装好锚栓留孔模板，在绑扎钢筋时注意将预留孔位置留出。预留孔应下大上小，其模板可采用拼装式。模板安装时，顶面可比支座垫石顶面低约5mm，以便垫石顶面抹平。带变钩的锚栓的模板安装时应考虑钩的方向。为便于安装锚栓后灌实锚栓孔，可在每一锚栓孔模板的外侧三角木块部分预留进浆槽。

（二）附属构成施工

1. 桥台翼墙、锥坡施工要点

（1）翼墙、锥体护坡（简称锥坡）的作用和构造

翼墙、锥坡是用来连接桥台和路堤的防护建筑物，它的作用是稳固路堤，防止水流的冲刷。

设翼墙的桥台称为八字形桥台。翼墙设于桥台两侧，在平面上形成“八”字；立面上为一般高度的直线墙，其坡度变化与台后路堤边坡的坡度相适应；翼墙的竖直截面为梯形，翼墙顶设帽石。翼墙一般为浆砌片石或浆砌块石结构。根据地基情况，翼墙基础采用浆砌片石或片石混凝土。

锥坡一般为椭圆形曲线，锥体坡面沿长轴方向与路基边坡相同，一般为1∶1.5，沿短轴方向为1∶1，锥体坡顶与路基外侧边沿同高。当台后填土高度大于6m，路堤边坡采用变坡时，锥坡也应做相应变坡处理以相互配合。

锥坡内部用砂土或卵砾石填筑夯实，表面用片石干砌或浆砌，一般砌筑厚度为200~350mm。坡脚以下根据地基情况及流速大小设置基础，或将坡脚伸入地面以下一段，适当加厚趾部。

在受水流冲刷影响的地方，锥体可以考虑采用铺盖草皮或干砌片石网格代替满铺的片石铺砌，也可以将锥坡的下段用片石满铺，但上段铺草皮，以减少圬工数量。

（2）锥坡施工要点

①锥体填土应按设计高程及坡度填足，砌筑片石厚度不够时再将土挖去，不允许填土不足，临时边砌石边补填土。锥坡拉线放样时坡顶应预先放高20~40mm，使锥坡随锥体填土沉降后，坡度仍符合设计规定。

②砌石时放样拉线要张紧，表面要平顺，锥坡片石背后应按规定做碎石倒滤层，防止

锥体土方被水侵蚀变形。

③锥坡与路肩或地面的连接必须平顺，以利排水，避免砌体背后冲刷或渗透导致坍塌。

④在大孔土地区应检查锥坡基底及其附近有无陷穴并彻底进行，保证锥坡稳定。

⑤干砌片石锥坡用小石子砂浆勾缝时，应尽可能在片石护坡砌筑完成后间隔一段时间，待锥体基础稳定后再进行勾缝以减少灰缝开裂。

⑥锥体填土应分层夯实，填料一般以黏土为宜。锥坡填土应与台背填土同时进行并应按设计宽度一次填足。

2. 台后填土要求

（1）台后填土应与桥台砌筑协调进行。填土应尽量选用渗水土，如黏土含量较少的沙质土。土的含水量要适量，在北方冰冻地区要防止冰胀。如遇软土地基，为增大土抗力，台后适当长度内的填土可采用石灰土(掺5%石灰)。

（2）填土应分层夯实，每层松土厚200~300mm，一般应夯2~3遍，夯实后的厚度为150~200mm，使密实度达到85%~90%(拱桥要求达到90%~98%)，并做密实度测定。靠近台背处的填土打夯较困难时，可用木棍、拍板打紧捣实，与路堤搭接处宜挖成台阶形。

（3）石砌圬工桥台台背与土接触面应涂抹沥青或用石灰三合土、水泥砂浆胶泥做不透水层，作为台后防水处理。

（4）拱桥台后填土必须与拱圈施工的程序相配合，使拱的推力与台后土侧压力保持一定的平衡。

一般要求拱桥台背填土在主拱圈安装或砌筑前完成。梁式桥的轻型桥台台后填土应在桥面完成后，在两侧平衡进行。

（5）台背填土顺路线方向的长度，一般应自台身起，底面不小于桥台高度加2m，顶面不小于2m；拱桥台背填土长度一般不应小于台高的3~4倍。

3. 台后搭板的施工要点

（1）设置搭板是解决台后错台跳车的重要工程措施，其效果与搭板之下的路堤压缩程度和搭板长度有密切关系。日本高速公路规定使用期内台后错台高度须小于20mm。

（2）台后填土应严格遵守压实要求。应先清理基坑使其尺寸符合要求。接着进行基底压实，如使用压路机困难可用小型手推式电动振动打夯机压实，并用环刀法测定压实度。基底之上填筑并压实岩渣，其最大粒径应小于120mm，含泥量应小于8%，压实后的干密度应不小于20MPa。达到规定高程后便可填筑并压实二灰碎石，用压路机压实，每层碾6

~8遍。对于边角部位可用小型打夯机补压。在填压达到搭板顶部的高程，压实或通行车辆一段时间后，再挖开浇筑搭板和枕梁。分层压实的厚度一般不大于200mm。

（3）进行上述填筑台后路堤材料有困难时，至少应选用透水性良好的砂性土，或掺用40%~70%的砂石料。分层厚度200~300mm，压实度不小于95%。靠近后墙部位（1.5m宽）可用小型打夯机，也可填筑块（片）石及级配沙砾石，用振捣器振实。用透水性材料填筑时，应以干容重控制施工质量。

（4）台背填筑前应在土基上或某一合适高度设置排水管或盲沟，并注意将排水管及盲沟引出路基之外。

（5）钢筋混凝土箱形通道的搭板可水平设置，但其上应留出路面面层的厚度。路堤填筑的施工要求与台后搭板相同。

4. 台后排水盲沟施工

（1）地下水较小时，排水盲沟以片石、碎石或卵石等透水材料砌筑并按坡度设置。沟底用黏土夯实，盲沟应建在下游方向，出口处应高出一般水位0.2m。平时无水的干河沟应高出地面0.3m。

（2）当桥台在挖方内，横向无法排水时排水盲沟可在下游方向的锥体填土内折向桥台前端排水，在平面上成L形。

（3）盲沟施工时应注意事项：①盲沟所用各类填料应洁净、无杂质，含泥量不应大于2%。②各层的填料要求层次分明，填筑密实。③盲沟应分段施工，当日下管、填料一次完成。④盲沟滤管一般采用无砂混凝土管或有孔混凝土管，也可用短节混凝土管代替。但应在接头处留10~20mm间隙，供地下水渗入。⑤盲沟滤管基底应用混凝土浇筑，并与滤管密贴，纵坡应均匀，无反向坡；管节应逐节检查，否则不得使用。

（二）支座安设

目前桥梁上使用较多的是橡胶支座，包括板式橡胶支座、聚四氟乙烯橡胶支座和盆式橡胶支座3种。前两种用于反力较小的中小跨径桥梁，后一种用于反力较大的大跨径桥梁。

1. 板式橡胶支座的安设

板式橡胶支座在安装前的全面检查和力学性能检验，包括支座长、宽、厚、硬度（邵氏）、容许荷载、容许最大温差以及外观检查等，如不符合设计要求不得使用。支座中心尽可能对准梁的计算支点，必须使整个橡胶支座的承压面上受力均匀。

2. 盆式橡胶支座的安设

盆式橡胶支座顶、底面积大，支座下埋设在桥墩顶的网垫板面积亦较大，钢板的滑动面和密封在钢盆内的橡胶垫块，两者都不能有污物和损伤，否则容易降低其使用寿命，增大摩擦系数。盆式橡胶支座各部件组装应满足的要求：在支座底面和顶面（埋置于墩顶和梁底面）的钢垫板必须埋置密实，垫板与支座间平整密贴，支座四周不得有 0.3mm 以上缝隙；支座中线、水平位置偏差不大于 2mm；活动支座的聚四氟乙烯板和不锈钢板不得有刮伤、撞伤；氯丁橡胶板块密封在钢盆内，安装时应排除空气、保持密封；支座组拼过程中要保持清洁。施工时应注意下列事项：

（1）安装前应将支座的各相对滑移面和其他部分用丙酮或酒精擦拭干净。

（2）支座顶面和底面可用焊接或锚固螺栓拴接在梁体底面和墩台顶面的预埋钢板上；采用焊接时，应防止烧坏混凝土；安装锚固螺栓时，其外露螺杆的高度不得大于螺母的厚度；上、下支座安装顺序，宜先将上座板固定在大梁上，然后确定底盆在墩台的位置，最后予以固定。

（3）安装支座的高程应符合设计要求，平面纵、横两个方向应水平，支座承压小于或等于 5000 kN 时，其四角高差不得大于 1mm；支座承压大于 5000 kN 时，不得大于 2mm。

（4）安装固定支座时，其上下各个部件纵轴线必须对正；安装纵向活动支座时，上下各部件纵轴线必须对正，横轴线应根据安装时的温度与年平均的最高、最低温差，由计算确定其错位距离。支座上、下导向挡块必须平行，最大偏差的交叉角不得大于 5°。

3. 其他支座的安设

对于跨径小（10m 左右）的钢筋混凝土梁（板），可采用油毡、石棉垫或铅板支座。安设这类支座时，应先检查墩台支承面的平整度和横向坡度是否符合设计要求，否则应修凿平整并以水泥砂浆抹平，再铺垫油毡、石棉垫或铅板。梁（板）就位后与支承间不得有空隙和翘动现象，否则将发生局部应力集中的现象，使梁（板）受损，也不利于梁（板）的伸缩与滑动。

第三章　桥梁上部结构施工技术

第一节　桥梁上部结构装配式施工技术

一、先张法预制梁（板）

（一）台座

台座是先张法施工的主要设备之一，承受预应力钢筋的全部张拉力，它应有足够的强度和稳定性，以免台座变形、倾覆、滑移而引起预应力损失。台座由一个框架（两根固定横梁和两根受压柱构成）和两根活动横梁组成，固定和活动横梁间设置千斤顶，预应力钢筋两端用工具锚固在活动横梁的锚固板上。千斤顶顶起活动横梁，使预应力筋受张拉。全部张拉力由框架承受。

压柱的承压形式可为中心受压或偏心受压，一般采用偏心受压。前者省料但作业不方便，后者则相反。

（二）模板工程

预制梁的模板是施工过程的临时结构，它不仅关系到预制梁尺寸的精度，而且对工程质量、施工进度和工程造价有直接的影响。

预制梁的模板通常按材料分类，有钢模板、木模板、土木组合模、土模以及钢木组合模等数种。预制工厂常采用钢模板和钢木结合的模板。

模板在制作时应保证表面平整，转角光滑，连接孔配合准确。对于钢模要考虑焊缝的收缩对长度的影响，对于木模要在构造上采取措施以防漏浆。模板的组装可在工作平台上进行，底模在制作时需考虑预制梁的预拱度。

模板的安装应与钢筋工作配合进行。在底模整平以及钢筋骨架安装后安装侧模板和端模板；也可先安装端模板，后安装侧模板。模板安装的精度要高于预制梁的精度要求。每次模板安装完成后需通过验收，验收合格后方可进入下一道工序。

模板分为底模、侧模、端模和内模。底模支承在底座上或设置在流水台车上，可用12～16mm厚的钢板制成。将先张台座的混凝土底板作为预制构件的底模，要求地基不产生非均匀沉陷，底板制作必须平整光滑、排水畅通，预应力筋放松，梁体中段拱起，两端压力增大，梁位端部底模应满足强度要求和重复使用的要求。底模在构造上应注意设置底模与侧模、底模与端模以及底模接长的联系构件。此外还应在底模与台座之间设置减振垫。

端模设置在梁的两端，安装时连接在侧模上，用于形成梁端形状。端模预应力筋孔的位置要准确，安装后与定位板上对应的预应力筋孔要求均在一条中心线上。由于施工中存在偏差，预应力筋张拉时的筋位有移动，故制作时端模预应力筋孔径可按预应力筋直径扩大2～4mm，预应力筋孔水平向还可做成椭圆形。

内模是空心截面梁（板）的预制关键。其结构形式直接影响到制作是否经济、拆装是否方便、周转率高低等问题。

（三）预应力筋的张拉

预应力钢筋通常采用高强钢丝、钢绞线和精轧螺纹钢筋。

预应力混凝土预制梁制造过程中张拉预应力筋对梁施加预应力是一项十分重要的工作。施加预应力过多或不足都会影响梁的预制质量，必须按设计要求，准确地施加预应力。

先张法梁的预应力筋是在底模整理后，在台座上张拉已加工好的预应力筋。

先张法梁通常一端张拉另一端在张拉前要设置好固定装置或安放好预应力筋的放松装置。张拉前，应先在端横梁上安装预应力筋的定位钢板，同时检查其孔位和孔径是否符合设计要求。之后在台座安装预应力筋，穿钢筋不能刮碰掉台面上的隔离剂。安装张拉设备时，应使张拉力的作用线与钢筋中心线一致。张拉时应采用应力与伸长值双控制，如发现伸长值异常，应停止张拉，查明原因。此外，在张拉过程中要十分重视施工安全。

为减少张拉过程预应力损失可以采用超张拉的方法。

（四）预应力混凝土的配料与浇筑

混凝土工程质量好坏是保证混凝土能否达到设计强度等级的关键，将直接影响钢筋混凝土结构的强度和耐久性。

1. 预应力混凝土配料

预应力混凝土配料除符合普通混凝土有关规定外，尚应符合如下要求：

配制高强度等级的混凝土应选择级配优良的配合比，在构件截面尺寸和配筋允许下尽量采用大粒径集料，强度高的集料；含砂率不超过 0.4，水泥用量不宜超过 500kg/m³，最大不超过 550kg/m³，水灰比不超过 0.45，一般可采用低塑性混凝土，坍落度不大于 30mm，以减少因徐变和收缩所引起预应力损失。

在拌和料中可掺入适量的减水剂（塑化剂），以达到易于浇筑、早强、节约水泥的目的，其掺入量可由试验确定，也可参考经验值。拌和料不得掺入氯化钙、氯化钠等氯盐及引气剂，亦不宜掺引气型减水剂。值得注意的是由于混凝土掺加减水剂效果显著，目前用于建造预应力混凝土桥梁的高强度混凝土几乎没有不掺减水剂的，但对它的使用不能掉以轻心，使用不当将会严重影响混凝土的质量。

水、水泥、减水剂用量应准确到±1%；集料用量准确到±2%。

预应力混凝土所用的一切材料必须全面检查，各项指标均应合格。预应力混凝土选配材料总的发展趋势是提高强度、减轻自重，主要途径是采用多孔的轻质集料。改善预应力混凝土物理力学性能的另一个重要途径是发展研制改性混凝。

纤维混凝土：在混凝土中掺入钢纤维、抗碱玻璃纤维或合成纤维。它可以大幅度提高混凝土的抗拉强度、断裂韧性，对混凝土的抗压强度、弹性模量的提高亦有作用。

聚合物混凝土配料：它研制的配料有机聚合物与无机材料复合的新型材料，如浸渍混凝土，它不仅将强度可提高 200%~400%，还可以增进混凝土的耐久性和耐腐蚀性。目前在桥梁工程上也有配制试用新材料混凝土的，采用改性混凝土可达到超高强度，优越性大，经济效益显著。

2. 预应力混凝土浇筑

混凝土浇筑前除按操作规程检查外，对先张构件还应检查台座受力、夹具、预应力筋数量、位置及张拉吨位是否符合要求等。

浇筑质量主要从两方面来控制，一个是浇筑层的厚度与浇筑程序；另一个是良好的振捣，两方面互相影响。当构件的高度（或厚度）较大时，为了保证混凝土能振捣密实，应采用分层浇筑法，并应在下层混凝土初凝之前，将上层混凝土浇筑并振捣完毕。T 形梁的浇筑顺序一般采用水平层浇筑，也可采用斜层浇筑。

混凝土浇筑不得任意中断，由于技术上或组织上的原因必须间歇时，间歇时间应根据环境温度、水泥性能、水灰比、外加剂类型及混凝土硬化条件确定。无试验资料时，对不掺外加剂的混凝土，间歇时间不宜超过 2h；当温度高达 30℃左右时，应减少为 1. 5h；当温度低于 10℃左右时，可延长至 2. 5h。

3. 混凝土的振捣

混凝土浇筑与混凝土振捣要密切配合，分层浇筑分层振捣。

在预制梁时组织强力振捣是提高施工质量的关键。由于预制梁截面形状复杂，梁高、壁薄、钢筋密集，在浇筑梁下层或下马蹄处的混凝土时可使用底模和侧模下排的振捣器联合振捣，并依照浇筑位置调整振捣部位。当浇筑到梁的上层或梁肋混凝土时主要使用侧模振捣，辅以插入式振捣。待浇筑桥面混凝土时可使用侧模上排振捣器、插入式振捣器和平板式振捣器联合振捣。

混凝土的振捣时间应严格控制。振捣时间过长容易引起混凝土的离析现象；振捣时间过短不能达到要求的密实度。一般以振捣至混凝土不再下沉、无显著气泡上升、混凝土表面出现浮浆、表面达到平整为适度。当用附着式振捣器因振捣效率差，一般约需 120s。当用插入式振捣器时，效果较好，一般只要 20~30s。当用平板式振捣器时，在每个位置振捣时间为 25~40s。

4. 混凝土的养护及拆模

为保持混凝土硬化时所需的温度与湿度，混凝土浇筑后需进行养护。预应力混凝土梁一般采用蒸汽法养护。开始时恒温，温度应按设计规定执行，不得任意提高，以免造成不可补救的预应力损失。

拆模的施工质量好坏直接影响到预制梁的质量和模板的周转使用。不承重的侧模在混凝土强度达到 2. 5MPa 时可以拆除。侧模可用千斤顶协助脱模，为使模板单元安全脱模，常用旋转法拆模，其转动中心可设在侧模的下端或上端。承重的底面模板应在混凝土强度能承受自重和其他可能的外荷载时拆除。

拆模后如发现有缺陷，应进行修补。应遵循以下三点：①对于面积小、数量不多的蜂窝或露石的混凝土，先用钢丝刷或加压水洗刷基层，然后用 1∶2~1∶2. 5 的水泥砂浆抹平。②对有较大面积的蜂窝、露石和露筋的混凝土应按其全部深度凿去薄弱层，然后用钢丝刷或加压水冲刷，再用比原混凝土强度等级高一个级别的细集料混凝土填塞，并仔细捣实。③对影响结构性能的缺陷，应与设计单位研究处理。

（五）预应力筋的放松

当混凝土强度达到设计强度的 70%~80%以后可在台座上放松受拉预应力筋，对预制梁施加预应力。放松过早会造成较多的预应力损失（主要是收缩、徐变损失）；放松过晚则影响台座和模板的周转。放松操作时速度不应过快，尽量使构件受力对称均匀。只有待预应力筋被放松后才能切割每个构件端部的钢筋。

放松预应力钢筋的方法有：用千斤顶先拉后松、沙箱放松、滑楔放松和螺杆放松等方法，用得较多的是千斤顶放松。

采用千斤顶放松是在混凝土达到规定强度后，再安装千斤顶重新张拉钢筋，施加的应力不应超过原有张拉控制应力，之后将固定在横隔梁定位板前的双螺帽慢慢旋动后，再将千斤顶回油，让钢筋慢慢放松，使构件均匀对称受力。当逐根放松预应力筋时，应严格按有利于梁受力的次序分阶段进行。通常自构件两侧对称地向中心放松，以免较后一根钢筋断裂时使梁承受大的水平弯曲冲击作用。

二、后张法预制梁（板）

（一）后张法预制梁（板）施工工序

（1）按施工需要规划预制场地，平整压实，完善排水系统，确保场内不积水。

（2）根据预制梁的尺寸、数量、工期，确定预制台座的数量、尺寸，台座用表面压光的梁（板）筑成，应坚固不沉陷，确保底模沉降不大于 2mm，台座上铺钢板底模或用角钢镶边代作底模。当预制梁跨度大于 20m 时，要按规定设置反拱。

（3）根据需要及设备条件，选用塔吊或跨梁龙门吊作吊运工具，并铺设轨道。

（4）统筹规划梁（板）拌和站及其水、电管路的布设安装。

（5）预制模板由钢板、型钢组焊而成，应有足够的强度、刚度和稳定性，尺寸规范、表面平整光洁、接缝紧密、不漏浆，试拼合格后，方可投入使用。

（6）在绑扎工作台上将钢筋绑扎焊接成钢筋骨架，把制孔管按坐标位置定位固定，如使用橡胶抽拔管要插入芯棒。

（7）用龙门吊机将钢筋骨架吊装入模，绑扎隔板钢筋，埋设预埋件，在孔道两端及最低处设置压浆孔，在最高处设排气孔，安设锚垫板后，先安装端模，再安装涂有脱模剂的钢侧模，统一紧固调整和进行必要的支撑后交验。

（8）将质量合格的梁（板）混凝土用专用设备运输，卸入吊斗，由龙门吊从梁的一端向另一端浇注，水平分层，先下部捣实后再置入腹板、翼板，浇筑至接近另一端时改从另一端向相反方向顺序下料，在距梁端 3~4m 处浇筑合龙，一次整体浇筑成型。当梁高跨长或混凝土拌制跟不上浇筑进度时，可采用斜层浇筑或纵向分段水平分层浇筑。

（9）梁（板）的振捣以紧固安装在侧模上的附着式振捣器为主，插入式振捣器为辅。振捣时要掌握好振动的持续时间、间隔时间和钢筋密集区的振捣，力求使梁（板）达到最佳密实度而又不损伤制孔管道。

（10）梁（板）混凝土浇筑完成后要将表面抹平、拉毛，收浆后适时覆盖，洒水湿养不少于 7d，蒸汽养护恒温不宜超过 80℃，也可采用喷洒养护剂。

（11）使用龙门吊拆除模板，拆下的模板要顺序摆放，清除灰浆，以备再用。

（12）构件脱模后，要标明型号、预制日期及使用方向。

（13）将力学性能和表面质量符合设计要求的预应力钢丝或钢绞线按计算长度下料，梳理顺直，编扎成束，用人工或卷扬机或其他牵引设备穿入孔道。

（14）当构件梁（板）达到规定强度时，安装千斤顶等张拉设备，准备张拉。

（15）张拉使用的张拉机及油泵、锚、夹具必须符合设计要求，并配套使用，定期校验，以准确标定张拉力与压力表读数间的关系曲线。

（16）按设计要求在两端同时对称张拉，张拉时千斤顶的作用线必须与预应力轴线重合，两端各项张拉操作必须一致。

（17）预应力张拉采用应力控制，同时以伸长值作为校核。实际伸长值与理论伸长值之差应满足规范要求，否则要查明原因采取补救措施。

（18）张拉过程中的断丝、滑丝数量不得超过设计规定，否则要更换钢筋或采取补救措施。

（19）预应力筋锚固要在张拉控制应力处于稳定状态时进行，其钢筋内缩量不得超过设计规定。

（20）预应力筋张拉后，将孔道中冲洗干净，吹除积水，尽早压注水泥浆。

（二）后张法张拉时的施工要点

（1）对受力筋施加预应力之前应对构件进行检验，外观尺寸应符合质量标准要求。张拉时，构件混凝土强度应符合设计要求；设计无要求时，不应低于设计强度等级值的75%。当块体拼装构件的竖缝采用砂浆接缝时，砂浆强度不低于 15 MPa。

（2）对预留孔道应用通孔器或压气、压水等方法进行检查。端部预埋铁板与锚具和垫板接触处的焊渣、毛刺、混凝土残渣等应清除干净。当采用先穿束的方法时宜用压气、压水的检查方法。

（3）钢筋穿束前，螺丝端杆的丝扣部分应用水泥袋纸等包缠 2～3 层，并用细钢丝扎牢；在钢丝束、钢绞线束、钢筋束等穿束前，将一端找齐平，顺序编号。对于短束，用人工从一端向另一端穿束；对于较长束，应套上穿束器，由引线及牵引设备从另一端拉出。

（4）对于夹片式锚具，上好的夹片应齐平，并在张拉前用钢管捣实。

（5）预应力筋的张拉顺序应符合设计要求，当设计未规定时，可采取分批、分段对称张拉。

（6）应使用能张拉多根钢绞线或钢丝的千斤顶同时对每一钢束中的全部预应力筋施加

应力，但对于扁平管道中不多于4根的钢绞线除外。

（7）预应力筋张拉端的设置应符合设计要求，当设计无具体要求时，应符合以下规定：对于曲线预应力筋或长度大于等于25m的直线预应力筋，宜在两端张拉；对长度小于25m的直线预应力筋，可在一端张拉；曲线配筋的精轧螺纹钢筋应在两端张拉，直线配筋的精轧螺纹钢筋可在一端张拉。

（8）后张预应力筋断丝及滑丝不得超过有关规定的控制数。

（9）预应力筋在张拉控制应力达到稳定后方可锚固。预应力筋锚固后的外露长度不宜小于300mm，锚具应用封端混凝土保护，当需长期外露时，应采取防止锈蚀的措施。一般情况下，锚固完毕并经检验合格后即可切割端头多余的预应力筋，严禁用电弧焊切割，强调用砂轮机切割。

（10）张拉切割后即封堵。用素灰将锚头封住，然后用塑料布将其裹住进行养护，以防止裂缝而使锚头漏浆、漏气，影响压浆质量。

（三）后张法预制梁（板）施工中易出现的问题及防治措施

1. 预应力损失过大

预应力损失过大是指预应力施加完毕后预应力筋松弛，应力值达不到设计值。

（1）原因分析

①锚具滑丝或钢绞线（钢丝束）内有断丝。

②钢绞线（钢丝）的松弛率超限。

③量测表具数值有误，实际张拉值偏小。

④锚具下混凝土局部破坏变形过大。

⑤钢索与孔道间摩擦阻力过大。

（2）防治措施

①检查预应力筋的实际松弛率，张拉钢索时应采取张拉力和引伸量双控制。事先校正测力系统，包括表具。

②锚具滑丝失效，应予更换。

③钢绞线（钢丝束）断丝率超限，应将其锚具、预应力筋更换。

④锚具下混凝土破坏，应将预应力释放后，用环氧混凝土或高强度混凝土补强后重新张拉。

⑤改进钢束孔道施工工艺，使孔道线形符合设计要求，必要时可使用减摩剂。

2. 锚头下锚板处混凝土变形开裂

（1）原因分析

①通常锚板附近钢筋很密，浇筑时振捣不密实，以致该处混凝土强度低。

②锚垫板下的钢筋布置不够、受压区面积不够、锚板或锚垫板设计厚度不够。

（2）预防措施

①锚板、锚垫板必须有足够的厚度以保证其刚度。锚垫板下应布置足够的钢筋，以使钢筋混凝土足以承受因张拉预应力而产生的压应力和主拉应力。

②浇筑混凝土时应特别注意在锚头区的混凝土质量，因在该处往往钢筋密集，混凝土的粗集料不易进入而只有砂浆，会严重影响混凝土的强度。

（3）治理方法

将锚具取下，凿除锚下损坏部分，然后加筋用高强度混凝土修补，将锚下垫板加大加厚，使承压面扩大。

三、预制梁（板）的架设方法

（一）联合架桥机法

以联合架桥机并配备若干滑车、千斤顶、绞车等辅助设备架设安装的预制梁适用于多孔 30m 以下孔径的装配式桥梁。

1. 联合架桥机的组成

联合架桥机主要由龙门架、导梁和蝴蝶架组成。龙门架用工字形钢梁架设，在架上安放两台吊车，架的接头处和上、下缘用钢板加固，主柱为拐脚式，横梁的高程由两根预制梁的叠高加上平板车的高度和起吊设备的高度决定。它用来起落预制件和导梁，并对预制构件进行墩上横移和就位。蝴蝶架是专供托运龙门吊机在轨道上移走的支架，它形如蝴蝶，用角钢拼成，上设有供升降用的千斤顶。它是用以拖动龙门架转移位置的专用工具，托架在桥头地面上拼装、竖直，用千斤顶顶起放在托架平车上，移至导梁上放置。导梁用钢桁梁拼成，以横向框架连接，其上铺钢轨供运梁车行走。

2. 施工作业

架梁时先铺设导梁和轨道，用绞车将导梁拖移就位后把蝴蝶架用平板小车推上轨道，将龙门吊机托运至墩上，用千斤顶将吊机降落在墩顶，并用螺栓固定在墩的支承垫块上，然后用平车将梁运到两墩之间，由吊机起吊、横移、下落就位。待全跨梁就位后向前铺设轨道，用蝴蝶架把吊机移至下一跨架梁。

3. 施工优点

其优点是可完全不设桥下支架，不受洪水威胁，架设过程中不影响桥下通车、通航。预制梁的纵移、起吊、横移、就位都比较便利。缺点是架设设备用钢材较多（可周转使用），较适用于多孔30m以下孔径的装配式桥。

（二）双导梁穿行式架设法

双导梁穿行式架设法是在架设跨间设置两组导梁。导梁是用贝雷梁或万能构件组装的钢桁架，其梁长大于两倍桥梁跨径，前方为引导部分，由前端钢支架与前方墩上的预埋螺栓连接，中段是承重部分，后段为平衡部分。导梁顶面铺设小平车轨道，预制梁由平车在导梁上运至桥孔，由设在两根横梁上的卷扬机吊起，下落在两个桥墩上，之后在滑道垫板上进行横移就位。先安装两个边梁，再安装中间各梁。全跨安装完毕、横向焊接后，将导梁向前推，安装下一跨。

（三）扒杆架设法

扒杆架设法称吊鱼架设法，是利用人字扒杆来架设桥梁上部结构构件，而不需要特殊的脚手架或木排架。

人字扒杆有一副扒杆和两副扒杆两种架设。两副扒杆架设中，一副是吊鱼滑车组，用以牵引预制梁悬空拖曳；另一绞车是牵引前进，梁的尾端设有制动绞车，起溜绳配合作用，后扒杆的主要作用是预制梁吊装就位时，配合前扒杆吊起梁端，抽出木垛，便于落梁就位。一副扒杆架设中，基本方法与两副扒杆架设相同，不同之处是采用千斤顶顶起预制梁，抽出木垛，落梁就位。

用此法架梁时必须以预制梁的质量和墩台间跨径为基础，在竖立扒杆、放倒扒杆、转移扒杆或吊梁进行横移等各个阶段，对扒杆、牵引绳、控制绳等零件进行受力分析和应力计算，以确保设备的安全。本法不受架设孔墩台高度和桥孔下地基、河流水文等条件影响，适用于起吊高度不大和水平移动范围较小的中、小跨径的桥梁。

（四）自行式吊车架梁

在桥不高、场内又可设置行车便道的情况下，用自行式吊车（汽车吊车或履带吊车）架设中、小跨径的桥梁十分方便。此法视吊装质量不同，还可采用单吊（一台吊车）或双吊（两台吊车）两种形式。其特点是机动性好，不需要动力设备，不需要准备作业，架梁速度快。一般吊装能力为150~1000 kN。此方法适合于陆地架设。

（五）跨墩门式吊车架梁

跨墩龙门吊机安装适用于岸上和浅水滩以及不通航浅水区域安装预制梁。

两台跨墩龙门吊机分别设于待安装孔的前、后墩位置，预制梁由平车顺桥向运至安装孔的一侧，移动跨墩龙门吊机上的吊梁平车，对准梁的吊点放下吊架，将梁吊起。当梁底超过桥墩顶面后，停止提升，用卷扬机牵引吊梁平车慢慢横移，使梁对准桥墩上的支座，然后落梁就位，接着准备架设下一根梁。

在水深不超过5m、水流平缓、不通航的中小河流上的小桥孔，也可采用跨墩龙门吊机架梁。这时必须在水上桥墩的两侧架设龙门吊机轨道便桥，便桥基础可用木桩或钢筋混凝土桩。在水浅流缓而无冲刷的河上，也可用木笼或草袋筑岛来做便桥的基础。便桥的梁可用贝雷组拼。

（六）浮吊架设法

在海上和深水大河上修建桥梁时用可回转的伸臂式浮吊架梁比较方便，也可用钢制万能杆件或贝雷钢架拼装固定的悬臂浮吊进行。这种架梁方法高空作业较少，施工比较安全，吊装能力也大，工效也高，但需要大型浮吊。鉴于浮吊船来回运梁航行时间长，要增加费用，一般采取用装梁船存梁后成批一起架设的方法。

浮吊架梁时需在岸边设置临时码头来移运预制梁。架梁时，浮吊要认真锚固。在流速不大时，则可用预先抛入河中的混凝土锚来作为锚固点。

第二节　桥梁上部结构支架施工与逐孔施工技术

一、桥梁上部结构支架施工技术

（一）支架、拱架、模板的类型

1. 支架

支架按其构造分为立柱式支架、梁式支架和梁柱式支架；按材料可分为木支架、钢支架、钢木混合支架和万能杆件拼装的支架等。

①立柱式支架。立柱式支架构造简单，可用于陆地或不通航河道以及桥墩不高的小跨径桥梁施工。

②梁式支架。根据跨径不同，梁可采用工字钢、钢板梁或钢桁梁。

③梁柱式支架。当桥梁较高、跨径较大或必须在支架下设孔通航或排洪时可用梁柱式支架。

2. 拱架

拱架按结构分为支柱式、撑架式、扇形、桁式、组合式等；按材料分为木拱架、钢拱架、竹拱架和土牛拱胎。

3. 模板

施工所用模板有组合钢模板、木模板、木胶合板模板、竹胶合板模板、硬铝模板、塑料模板、各类纤维材料板。施工时应根据结构物的外观要求选用。

（二）模板、支架和拱架的设计

1. 设计的一般要求

①模板、支架和拱架的设计，应根据结构形式、设计跨径、施工组织设计、荷载大小、地基土类别及有关的设计、施工规范进行。

②应绘制模板、支架和拱架总装图、细部构造图。

③应制定模板、支架和拱架结构的安装、使用、拆卸保养等有关技术安全措施和注意事项。

④应编制模板、支架及拱架材料数量表。

⑤应编制模板、支架及拱架设计说明书。

2. 设计荷载

（1）计算模板、支架和拱架时，应考虑下列荷载：

①模板、支架和拱架自重；②新浇筑混凝土、钢筋混凝土或其他圬工结构物的重力；③施工人员和施工材料、机具等行走运输或堆放的荷载；④振捣混凝土时产生的荷载；⑤新浇筑混凝土对侧面模板的压力；⑥倾倒混凝土时产生的水平荷载；⑦其他可能产生的荷载，如雪荷载、冬季保温设施荷载等。

（2）钢、木模板，支架及拱架的设计，可按《公路钢结构桥梁设计规范》（JTG D64-2015）的有关规定执行。

（3）计算模板、支架和拱架的强度和稳定性时，应考虑作用在模板、支架和拱架上的风力。设于水中的支架，尚应考虑水流压力、流冰压力和船只漂流物等冲击力荷载。

（4）组合箱形拱，如为就地浇筑，其支架和拱架的设计荷载可只考虑承受拱肋重力及施工操作时的附加荷载。

3. 稳定性要求

（1）支架的立柱应保持稳定，并用撑拉杆固定。当验算模板及其支架在自重和风荷载等作用下的抗倾倒稳定时，验算倾覆的稳定系数不得小于1.3。

（2）支架受压构件纵向弯曲系数应符合《公路钢结构桥梁设计规范》（JTG D64-2015）的要求。

4. 强度及刚度要求

（1）验算模板、支架及拱架的刚度时，其变形值不得超过下列数值：①结构表面外露的模板，挠度为模板构件跨度的1/400；②结构表面隐蔽的模板，挠度为模板构件跨度的1/250；③支架、拱架受载后挠曲的杆件（盖梁、纵梁），其弹性挠度为相应结构跨度的1/400；④钢模板的面板变形为1.5mm；⑤钢模板的钢棱和柱箍变形为$L/500$和$B/500$（其中L为计算跨径，B为柱宽）。

（2）受压杆件的长细比不得超过下列数值：主要受压杆件（立柱）的长细比为100，次要受压杆件的长细比为150。

（3）拱架各截面的应力验算，根据拱架结构形式及所承受的荷载，验算拱顶、拱脚及1/4跨各截面的应力、铁杆及节点的应力，同时应验算分阶段浇筑或砌筑时的强度及稳定性。验算时不论板拱架或桁拱架均作为整体截面考虑，验算倾覆稳定系数不得小于1.3。

（三）模板、支架和拱架的制作及安装

1. 钢模板制作

（1）钢模板宜采用标准化的组合模板。组合钢模板的拼装应符合现行国家标准《组合钢模板技术规范》（GB 50214—2013）。各种螺栓连接件应符合国家现行有关标准。

（2）钢模板及其配件应按批准的加工图加工，成品经检验确认合格后方可使用。

2. 木模板制作

（1）木模可在工厂或施工现场制作，木模与混凝土接触的表面应平整、光滑，多次重复使用的木模应在内侧加钉薄铁皮。木模的接缝可做成平缝、搭接缝或企口缝。当采用平缝时，应采取措施防止漏浆。木模的转角处应加嵌条或做成斜角。

（2）重复使用的模板应始终保持其表面平整、形状准确、不漏浆，有足够的强度和刚度。

3. 模板安装的技术要求

混凝土的模板板面应采用下列材料之一：金属板、木制板及高分子合成材料面板、硬塑料或玻璃钢板等材料。外露面的模板板面宜采用钢模板、胶合板，为减少模板的拼缝，对于大面积的混凝土，其每块模板的面积宜大于 $1.0m^2$。梁及墩台帽的突出部分应做成倒角或削边，以便脱模。在结构物的某些部位设置凸条或凹槽的装饰线。在模板内的金属连接件或锚固件，应按图纸规定及监理工程师的要求将其拆卸或截断，且不损伤混凝土。模板内应无污物、砂浆及其他杂物。以后要拆除的模板，应在使用前彻底涂以脱模剂或其他相当的代用品，应使能易于脱模，并使混凝土不变色。

（1）模板与钢筋安装工作应配合进行，妨碍绑扎钢筋的模板应待钢筋安装完毕后安设。模板不应与脚手架连接（模板与脚手架整体设计时除外），避免引起模板变形。

（2）安装侧模板时应防止模板移位和凸出。基础侧模可在模板外设立支撑固定，墩、台、梁的侧模可设拉杆固定。浇筑在混凝土中的拉杆，应按拉杆拔出或不拔出的要求，采取相应的措施。对小型结构物，可使用金属线代替拉杆。

（3）模板安装完毕后应对其平面位置、顶部标高、节点联系及纵、横向稳定性进行检查，签认后方可浇筑混凝土。浇筑时发现模板有超过允许偏差变形值的可能时，应及时纠正。

（4）模板在安装过程中必须设置防倾覆设施。

（5）当结构自重和汽车荷载（不计冲击力）产生的向下挠度超过跨径的 1/1600 时，钢筋混凝土梁（板）的底模板应设预拱度，预拱度值应等于结构自重和 1/2 汽车荷载（不计冲击力）所产生的挠度。纵向预拱度可做成抛物线或圆曲线。

（6）后张法预应力梁（板），应注意预应力、自重和汽车荷载等综合作用下所产生的上拱或下挠，应设置适当的预挠或预拱。

（7）当所有和模板有关的工作做完，待浇混凝土构件中所有预埋件亦安装完毕，才能浇筑混凝土。这些工作应包括清除模板中所有污物、碎屑物、木屑、水及其他杂物。

4. 支架、拱架制作安装

支架、拱架制作安装一般要求：

（1）支架和拱架宜采用标准化、系列化、通用化的构件拼装。无论使用何种材料的支架和拱架，均应进行施工图设计，并验算其强度和稳定性。

（2）制作木支架、木拱架时，长杆件接头应尽量减少，两相邻立柱的连接接头应尽量分设在不同的水平面上。主要压力杆的纵向连接，应使用对接法并用木夹板或铁夹板夹紧。次要构件的连接可用搭接法。

（3）安装拱架前对拱架立柱和拱架支承面应详细检查，准确调整拱架支承面和顶部标高，并复测跨度，确认无误后方可进行安装。各片拱架在同一节点处的标高应尽量一致，以便于拼装平联杆件。在风力较大的地区，应设置风缆。

（4）支架和拱架应稳定、坚固，应能抵抗在施工过程中有可能发生的偶然冲撞和振动。安装时应注意以下几点：①支架立柱必须安装在有足够承载力的地基上，立柱底端应设垫木来分布和传递压力，并保证浇筑混凝土后不发生超过允许的沉降量。②施工用的脚手架和便桥，不应与结构物的模板支架相连接，以避免施工振动影响浇筑混凝土质量。③船只或汽车通行孔的两边支架应加设护桩，夜间应用灯光标明行驶方向。施工中易受漂流物冲撞的河中支架应设坚固的防护设备。

（5）支架或拱架安装完毕后应对其平面位置、顶部标高、节点连接及纵、横向稳定性进行全面检查，符合要求后，方可进行下一工序。

（6）在浇筑混凝土及砌筑拱圈过程中承包人应随时测量和记录支架和拱架的变形及沉降量。

（7）现浇混凝土的梁（板）结构，在支架架设后应按图纸要求对支架进行预压，加在支架上的预压荷载应不小于梁（板）自重。

5. 中小跨径的空心板制作时所使用的芯模要求

（1）充气胶囊在使用前应经过检查，不得漏气，安装时应有专人检查钢丝头，钢丝头应弯向内侧，胶囊涂刷隔离剂。每次使用后，应妥善存放，防止污染、破损及老化。

（2）从开始浇筑混凝土到胶囊放气时止，其充气压力应保持稳定。

（3）浇筑混凝土时为防止胶囊上浮和偏位，应采取有效措施加以固定，并应对称平衡地进行浇筑。

（4）胶囊的放气时间应经试验确定，以混凝土强度达到能保持构件不变形为宜。

（5）木芯模使用时应防止漏浆和采取措施便于脱模。要控制好拆芯模时间，过早易造成混凝土塌落，过晚拆模困难。应根据施工条件通过试验确定拆除时间。

（6）钢管芯模应由表面匀直、光滑的无缝钢管制作，混凝土终凝后，即可将芯模轻轻转动，然后边转动边拔出。

（7）充气胶囊芯模在工厂制作时应规定充气变形值，保证制作误差不大于设计规定的误差要求。在设计无规定时，应满足《公路桥涵施工技术规范》（JTG/T 3650—2020）对梁（板）构造尺寸的要求。

（四）模板、支架和拱架的拆除

承包人应在拟定拆模时间的12h以前，报告拆模建议，并应取得同意。避免由于拆模不当而引起混凝土损坏。卸落拱架时应用仪器观测拱圈挠度和墩台变位情况，并做好记录。

1. 拆除期限的原则规定

（1）模板、支架和拱架的拆除期限应根据结构物特点、待拆除部位和混凝土所达到的强度来决定。①非承重侧模板应在混凝土强度能保证其表面及棱角不致因拆模而受损坏时方可拆除，一般应在混凝土抗压强度达到2.5 MPa时方可拆除侧模板。②芯模和预留孔道内模，应在混凝土强度能保证其表面不发生塌陷和裂缝现象时，方可拔除，拔除时间可按《公路桥涵施工技术规范》（JTG/T3650—2020）的有关规定确定。③钢筋混凝土结构的承重模板、支架和拱架，应在混凝土强度能承受其自重力及其他可能的叠加荷载时，方可拆除，当构件跨度不大于4m时，在混凝土强度符合设计强度标准值的50%的要求后，方可拆除；当构件跨度大于4m时，在混凝土强度符合设计强度标准值的75%的要求后，方可拆除。

如设计上对拆除承重模板、支架、拱架另有规定，应按照设计规定执行。

（2）石拱桥的拱架卸落时间应符合下列要求：①浆砌石拱桥，须待砂浆强度达到设计要求，或如设计无要求，则须达到砂浆最大强度的70%。②跨径小于10m的小拱桥，宜在拱上建筑全部完成后卸架；中等跨径的实腹式拱，宜在护拱砌完后卸架；大跨径空腹式拱，宜在拱上小拱横墙砌好（未砌小拱圈）时卸架。③当需要进行裸拱卸架时，应对裸拱进行截面强度及稳定性验算，并采取必要的稳定措施。

2. 拆除时的技术要求

（1）模板拆除应按设计的顺序进行，设计无规定时，应遵循先支后拆，后支先拆的顺序，拆时严禁抛扔。

（2）为便于支架和拱架的拆卸，应根据结构形式、承受的荷载大小及需要的卸落量，在支架和拱架适当部位设置相应的木楔、木马、砂筒或千斤顶等落模设备。

（3）卸落支架和拱架应按拟定的卸落程序进行，分几个循环卸完，卸落量开始宜小，以后逐渐增大。在纵向应对称均衡卸落，在横向应同时一起卸落。在拟定卸落程序时应注意以下几点：①在卸落前应在卸架设备上画好每次卸落量的标记。②满布式拱架卸落时，可从拱顶向拱脚依次循环卸落；拱式拱架可在两支座处同时均匀卸落。③简支梁、连续梁宜从跨中向支座依次循环卸落；悬臂梁应先卸挂梁及悬臂的支架，再卸无铰跨内的支架。④多孔拱桥卸架时，若桥墩允许承受单孔施工荷载，可单孔卸落，否则应多孔同时卸落，或各连续孔分阶段卸落。⑤卸落拱架时，应设专人用仪器观测拱圈挠度和墩台变化情况，并详细记录。另设专人观察是否有裂缝现象。

（4）墩、台模板宜在其上部结构施工前拆除。拆除模板，卸落支架和拱架时，不允许用猛烈地敲打和强扭等方法进行。

（5）模板、支架和拱架拆除后，应维修整理，分类妥善存放。

（五）施工工序

1. 地基处理

地基处理应根据箱梁的断面尺寸及支架的形式对地基的要求而决定，支架的跨径大，对地基的要求就高，地基的处理形式就得加强，反之就可相对减弱。地基处理时要做好地基的排水，防止雨水或混凝土浇筑和养护过程中滴水对地基的影响。

2. 支架

（1）支架的布置根据梁截面大小并通过计算确定以确保强度、刚度、稳定性满足要求，计算时除考虑梁体混凝土质量外，还需考虑模板及支架质量，施工荷载（人、料、机等），作用模板、支架上的风力，及其他可能产生的荷载（如雪荷载，保证设施荷载）等。

（2）支架应根据技术规范的要求进行预压，以收集支架、地基的变形数据。作为设置预拱度的依据，预拱度设置时要考虑张拉上拱的影响。预拱度一般按两次抛物线设置。

（3）支架的卸落设备可根据支架形式选择使用木楔、砂筒、千斤顶、U 形顶托等，卸落设备尤其注意要有足够的强度。

3. 模板

模板由底模、侧模及内模三个部分组成，一般预先分别制作成组件，在使用时再进行拼装。模板以钢模板为主，在齿板、堵头或棱角处采用木模板。模板的楞木采用方钢、槽钢或方木组成，布置间距以 75cm 左右为宜，具体的布置需要根据箱梁截面尺寸确定，并通过计算对模板的强度、刚度进行验算。

4. 普通钢筋、预应力筋的布设

（1）在安装并调好底模及侧模后开始底、腹板普遍钢筋绑扎及预应力管道的预设。混凝土一次浇筑时，在底、腹板钢筋及预应力管道完成后，安装内模，再绑扎顶板钢筋及预应力管道。混凝土二次浇筑时，底、腹板钢筋及预应力管道预设完成后，浇筑第一次混凝土，混凝土终凝后，再支内模顶板，绑扎顶板钢筋及预应力管道，进行混凝土的第二次浇筑。

（2）普通钢筋及预应力筋按规范的要求做好各种试验，严格按设计图纸的要求布设，对于腹板钢筋一般根据其起吊能力，预先焊成钢筋骨架，吊装后再绑扎或焊接成型，钢筋绑扎、焊接要符合技术规范的要求。

（3）预应力管道采用镀锌钢带制作，预应力管道的位置按设计要求准确布设，并采用每隔 50cm 一道的定位筋进行固定，接头要平顺，外用胶布缠牢，在管道的高点设置排气孔。

（4）锚垫板安装前，要检查锚垫板的几何尺寸是否符合设计要求，锚垫板要牢固地安装在模板上。要使垫板与孔道严格对中，并与孔道端部垂直，不得错位。

（5）预应力筋的下料长度要通过计算确定，计算应考虑孔道曲线长，锚夹具长度，千斤顶长度及外露工作长度等因素。

（6）预应力筋穿束前要对孔道进行清理。

5. 混凝土的浇筑

浇筑施工前，应做混凝土的配合比设计及各种材料试验，并根据实际情况进行综合比较确定箱梁混凝土采用一次、两次或三次浇筑。以下两点施工中应给予重视。

（1）混凝土浇筑时要安排好浇筑顺序，其浇筑速度要确保下层混凝土初凝前覆盖上层混凝土。

（2）混凝土的振捣采用插入式振捣器进行，振捣器的移动间距不超过其作用半径的 1.5 倍，并插入下层混凝土 5~10cm。对于每一个振捣部位，必须振捣到该部位混凝土密实为止，但也不得超振。

6. 压浆、封锚

①张拉完成后要尽快进行孔道压浆和封锚，压浆所用灰浆的强度、稠度、水灰比、泌水率、膨胀剂剂量按施工技术规范及试验标准中要求控制。

②每个孔道压浆到最大压力后，应有一定的稳定时间。压浆应使孔道另一端饱满和出浆，并使排气孔排出符合规定稠度的水泥浓浆为止。

③压浆完成后，应将锚具周围冲洗干净并凿毛，设置钢筋网，浇筑封锚混凝土。

二、桥梁上部结构逐孔施工技术

（一）概述

逐孔施工法从施工技术方面有三种类型。

(1) 采用临时支承组拼预制节段逐孔施工：对于多跨长桥，在缺乏较大能力的起重设备时可将每跨梁分成若干段，在预制现场生产；架设时用一套支承梁临时承担组拼节段的自重，在支承梁上张拉预应力筋，并将安装跨的梁与施工完成的桥梁结构按安装设计的要求连接，随后移动临时支承梁，进行下一桥跨的施工。

(2) 使用移动支架逐孔现浇施工：此法亦称移动模梁法，它是在可移动的支架、模板上完成一孔桥梁的全部工序。由于此法是在桥位上现浇施工，可免去大型运输和吊装设备，桥梁整体性好；同时它还具有在桥梁预制厂生产的特点，可提高机械设备的利用率和生产效率。

(3) 采用整孔吊装或分段吊装逐孔施工：这种施工方法是早期连续梁桥采用逐孔施工的唯一方法，可用于混凝土连续梁和钢连续梁桥的施工中。

（二）用临时支承组拼预制节段逐孔施工的要点

1. 节段划分

(1) 桥墩顶节段：由于桥墩节段要与前一跨连接，需要张拉钢索或钢索接长，为此对墩顶节段构造有一定要求。此外，在墩顶处桥梁的负弯矩较大，梁的截面还要符合受力要求。

(2) 标准节段：前一跨墩顶节段与安装跨第一节段间可以设置就地浇筑混凝土封闭接缝，用以调整安装跨第一节段的准确程度。封闭接缝宽 15~20cm，拼装时由混凝土垫块调整。在施加初预应力后用混凝土封填，这样可调整节段拼装和节段预制的误差。

2. 支承梁

(1) 钢桁架导梁：钢梁应设置预拱度，要求当每跨箱梁节段全部组拼之后，钢导梁上弦应符合桥梁纵断面标高要求。同时还需准备一些附加垫片，用于临时调整标高。

(2) 下挂式高架钢桁架：在节段组拼过程中，架桥机前臂必然下挠，安装桥跨第一块中间节段的挠度倾角调整是该跨架安设的关键，因此要求当一跨节段全部由架桥机空中吊起后，第一个中间节段与墩上节段的接触面应全部吻合。

（三）用移动支架逐孔现浇施工（移动模架法）

当桥墩较高，桥跨较长或桥下净空受到约束时，可以采用非落地支承的移动模架逐孔现浇施工，称为移动模架法。移动模架法适用于多跨长桥，桥梁跨径可达 50m，使用一套设备可多次移动周转使用。

移动模架法施工的主要工序：侧模安装就位、安装底模、支座安装、预拱度设置与模板调整、绑扎底板及腹板钢筋、预应力系统安装、内模就位、顶板钢筋绑扎、箱梁混凝土浇筑、内模脱模、施加预应力、管道压浆、落模、拆底模及滑模纵移。

（四）整孔吊装或分段吊装逐孔施工

1. 整孔吊装或分段吊装逐孔施工的吊装的机具

吊装的机具有桁式吊、浮吊、龙门起重机、汽车吊等多种，可根据起吊物重力、桥梁所在的位置以及现有设备和掌握机具的熟练程度等因素决定。

2. 整孔吊装和分段吊装施工注意的问题

（1）采用分段组装逐孔施工的接头位置可以设在桥墩处也可设在梁的1/5附近，前者多为由简支梁逐孔施工连接成连续梁桥，后者多为悬臂梁转换为连续梁。在接头位置处可设有0.5~0.6m现浇混凝土接缝，当混凝土达到足够强度后张拉预应力筋，完成连续。

（2）桥的横向是否分隔，主要根据起重能力和截面形式确定。在桥梁较宽，起重能力有限的情况下，可以采用T梁或工字梁截面，分片架设之后再进行横向整体化。为了加强桥梁的横向刚度，常采用梁间翼缘板有0.5m宽的现浇接头。采用大型浮吊横向整体吊装将会简化施工和加快安装速度。

（3）对于先简支后连续的施工方法，通常在简支梁架设时使用临时支座，待连接和张拉后期钢索完成连续时拆除临时支座，放置永久支座。为使临时支座便于卸落，可在橡胶支座与混凝土垫块之间设置一层硫黄砂浆。

（4）在梁的反弯点附近设置接头，在有可能的情况下，可在临时支架上进行接头。桥梁上部结构各截面的恒载内力根据各施工阶段进行内力叠加计算。

第三节　桥梁上部结构悬臂施工技术

一、悬臂拼装施工

（一）概述

悬臂拼装施工简称悬拼，包括块件的预制、运输、拼装及合龙。它与悬浇施工具有相同的优点，不同之处在于悬拼以吊机将预制好的梁段逐段拼装。此外还具备以下优点：①梁体的预制可与桥梁下部构造施工同时进行，平行作业缩短了建桥周期；②预制梁的混凝土龄期比悬浇法的长，从而减少了悬拼成梁后混凝土的收缩和徐变；③预制化或工厂化的梁段生产利于整体施工的质量控制。

（二）悬拼法施工方法

梁段预制方法分长线法及短线法。

①长线法：组成梁体的所有梁段均在固定台座上的活动模板内浇筑且相邻段的拼合面应相互贴合浇筑，缝面浇筑前涂抹隔离剂，以利脱模。优点是由于台座固定、可靠，成桥后梁体线性较好，缺点是占地较大，地基要求坚实，混凝土的浇筑和养护移动分散。②短线法：梁段在固定台座能纵移的模内浇筑。待浇梁段一端设固定模架，另一端为已浇梁段（配筑梁段），浇毕达到强度后运出原配筑梁段，如此周而复始，台座仅需 3 个梁段长。优点是场地较小，浇筑模板及设备基本不需要移机，可调的底、侧模便于平竖曲线梁段的预制，缺点是精度要求高，施工要求严，施工周期相对较长。

长线法施工工序：预制场、存梁区布置→梁段浇筑台座准备→梁段浇筑→梁段吊运存放、修整→梁段外运→梁段吊拼。

二、梁段的拼接施工

（一）0 号块梁段

为了确保连续梁分段悬拼施工的平衡和稳定，常将 T 构支座临时固结，必要时在墩两侧加设临时支架以满足悬拼的施工需要。

（二）1 号块梁段

1 号块梁段是紧邻 0 号块梁段两侧的第一箱梁节段，也是悬拼 T 构桥的基准梁段，是全跨安装质量的关键，一般采用湿接缝连接。湿接缝拼装梁段施工程序包括：吊机就位→提升、起吊 1 号块梁段→安设铁皮管→中线测量→丈量湿接缝的宽度→调整铁皮管→高程测量→检查中线→固定 1 号块梁段→安装湿接缝的模板→浇筑湿接缝混凝土→湿接缝养护、拆模→张拉预应力筋→下一梁段拼装。

（三）其他梁段拼装

采用胶接缝拼装，拼装施工程序包括：吊机就位→起吊梁段→初步定位试拼→检查并处理管道接头→移开梁段→穿临时预应力筋入孔→接缝面上涂胶接材料→正式定位、贴紧梁段→张拉临时预应力筋→放松起吊索→穿永久预应力筋→张拉预应力筋后移挂篮→下一梁段拼装。

三、预制梁块悬臂拼装时应注意的要点

（1）梁段的存放场地应平整，承载力应满足要求，支垫位置应与吊点一致。

（2）预制梁块的测量要求：①箱梁基准块出坑前必须对所有梁块进行测量，详细记录，并根据其在桥上的设计位置进行校正；②箱梁标高控制点和挠度观测点，在箱梁顶面埋置4~6个；③在预制梁段上标出梁号、中轴线、横轴线。

（3）预制块件的悬臂拼装可依据设备和现场条件选用。若方便在陆地上或在便桥上施工时，可采用自行式吊车、门式吊车进行拼装；对于水中桥跨，可采用水上浮吊进行安装；对于高墩身的桥跨，可利用各种吊机进行高空悬拼施工。

（4）桥墩顶梁段及桥墩顶附近梁段施工时，可采用托架或膺架为支架就地浇筑混凝土。托架或膺架应经过设计，计算其弹性及非弹性变形。

（5）应保证拼装的第一个梁块（基准块）的预制精度，安装时应对纵、横轴线、高程进行精确定位测量，为以后的拼装创造条件。

（6）采用悬臂拼装法修建预应力悬臂梁桥时，应先将梁、墩临时锚固或在墩顶两侧设立临时支承，待全部块件安装完毕后，再撤除临时锚固或支承。

（7）采用悬臂吊机、缆索、浮吊悬拼安装时，应按施工荷载进行强度、刚度、稳定性验算，使安全系数大于2.0。施工中还应注意：①块件起吊安装前，应对起吊设备进行全面的安全技术检查，并按照设计荷载的60%、100%和130%分别进行起吊试验。②吊机的最大承重能力应符合设计要求，应注意吊机的定位和锚固，经检查符合要求后再进行起吊拼装。③移动吊机前应将纵向主桁架上所有活动部件尽量移动到主桁架后端，然后方可松卸锚固螺栓。④桥墩两侧块件宜对称起吊，以保证桥墩两侧平衡受力。⑤移动吊机时应沿箱梁纵轴线对称地向两端推进。⑥墩侧相邻的1号块件提升到设计标高初步定位后，应立即测量、调整1号块件的纵轴线，使之与梁顶块件纵轴线的延伸线重合，使其横轴线与梁顶块件的横轴线平行且间距符合设计要求。应检查梁顶块件与1号块件间孔道的接头情况，调整并制作接缝间孔道接头后，方可将1号块件牢靠固定，其他各个块件连接时，均应按本条规定测量调整其位置。⑦应在施工前绘制主梁安装挠度变化曲线，悬臂拼装过程中应随时观测桥轴线安装挠度曲线的变化情况，并与设计值进行对比，遇有较大偏差时应及时处理，以便控制块件的安装高程。⑧吊机就位后须将支点垫稳，固定后锚螺栓，平车

移动到起吊位置，进行下一块件的拼装。

(8) 对于非 0 号、1 号块件的拼装，一般应在接缝上设置定位榫齿或钢定位器。

(9) 采用胶接缝拼装的块件，涂胶前应就位试拼。胶黏剂一般采用环氧树脂，使用前应经过试验，符合设计要求方可使用。

(10) 湿接缝块件应待混凝土强度达到设计强度等级的 70%以上时（设计文件如有要求，则按设计文件要求处理，但不能低于设计强度等级的 70%），才能张拉预应力束。

(11) 体系转换应按设计顺序进行。

四、悬臂浇筑施工法

（一）概述

适用于大跨径的预应力混凝土悬臂梁桥、连续梁桥、T 形刚构桥、连续刚构桥。其特点是无须建立落地支架，无须大型起重与运输机具，主要设备是一对能行走的挂篮。

（二）施工准备

1. 挂篮设计及加工

挂篮是悬浇箱梁的主要设备，它是沿着轨道行走的活动脚手架及模板支架。国内外现有的挂篮按结构形式可分为桁架式、三角斜拉带式，预应力束斜拉式、斜拉自锚式；按行走方式可分为滑移式和滚动式；按平衡方式可分为压重式和自锚式。对某一具体工程，应根据梁段分段情况、质量、要求承受荷载及施工经验对挂篮进行认真详细的设计。除必须满足强度、刚度、稳定性要求外，还要使其行走、锚固方便可靠，质量不大于设计规定。挂篮由主桁架、锚固、平衡系统及吊杆、纵横梁等部分组成，由工厂或现场根据挂篮设计图纸精心加工而成。挂篮试拼后，必须进行荷载试验。

2. 0 号、1 号块的施工

挂篮是利用已浇筑的箱梁段作为支撑点，通过桁架等主梁系统、底模系统，人为创造一个工作平台。对于 0 号、1 号块挂篮没有支撑点或支撑长度不够的情况，需采用其他方式浇筑。一般采用扇形托架浇筑。扇形托架可由万能杆件、贝雷片或其他装配式杆件组成，托架可支撑在桥墩基础承台上或墩身上。托架除须满足承重强度要求外，还须具有一定的刚度，各连续点应连接紧密，螺栓旋紧，以减少变形，防止梁段下沉和裂缝。

3. 临时固结

对于连续箱梁，梁与墩未固结在一起，施工时，两侧悬浇施工难以保持绝对平衡，必须在施工中采取临时固结措施，使梁具有抗弯能力。临时固结一般采用在支座两侧临时加预应力筋，梁和墩顶之间浇筑临时混凝土垫块。将梁固结在桥墩上，使梁具有一定的抗弯能力。在条件成熟时，再采用静态破碎方法，解除固结。

（三）悬臂浇筑施工中应注意要点

（1）主梁各部分的长度应充分考虑主梁的形式、跨径、墩宽、挂篮的形式以及施工周期来确定。0 号块梁段长度一般为 5~20m，悬浇分段长度一般为 3~5m。

（2）桥墩顶梁段及桥墩顶附近梁段施工时，可采用托架或膺架为支架就地浇筑混凝土。托架或膺架应经过设计，计算弹性及非弹性变形。

（3）在梁段混凝土浇筑前，应对挂篮（托架或膺架）、模板、预应力筋管道、钢筋、预埋件、混凝土材料、配合比、机械设备、混凝土接缝处理情况进行全面检查，经确认后方可浇筑。

（4）悬臂施工过程中，若梁身与墩身采用非刚性连接，为保证结构的稳定性，悬臂梁桥和连续梁桥应实施 0 号块梁段与桥墩间临时固结支承措施；对于刚性连接的 T 形刚构、连续刚构梁，因结构本身已具有一定的抗弯能力，可根据设计和施工要求采取在墩旁架设临时托架等方法进行施工。临时固结支承可采用如下措施：①将 0 号块梁段与桥墩钢筋或预应力筋临时固结，待解除固结时再将其切断。②在桥墩一侧或两侧设置临时支承或支墩。③顺桥向用扇形或门式托架将 0 号块梁段临时支承，待悬浇到至少一端合龙后恢复原状。

（5）挂篮安装时应保证安全、稳定、可靠。①挂篮的主纵、横梁的分联和移动操作应特别精心，以防急剧的塌落和倾覆。②浇筑混凝土时，后端应锚固于已完成的梁段上，后锚和移动架可采取保险锚、保险索或保险手动葫芦等安全措施。③挂篮桁架在已完成的梁段上行走时，应于后端压重稳定。④挂篮桁架行走和浇筑混凝土时的稳定系数，均不得小于 1.50。⑤挂篮组拼后，应全面检查安装质量，并对挂篮进行试压，以消除结构的非弹性变形。挂篮试压的最大荷载一般可按最大悬浇梁段质量的 1.3 倍考虑。挂篮试压通常采用水箱加压法、试验台加压法及砂袋法。

（6）桥墩两侧梁段悬臂施工进度应对称、平衡，实际不平衡偏差不超过设计要求值。设计无要求时，其两端允许的不平衡质量最大不得超过一个梁段的底板自重。

（7）悬臂浇筑前端底板和桥面的标高，应根据挂篮前端的垂直变形及预拱度设置，施工过程中要对实际高程进行监测，如与设计值有较大出入时，应会同有关部门查明原因进行调整。

（8）安装模板后，应严格核准中心位置及标高和校正中线。①组装模板并校正中线，外模及框架的长度和高度应能适应各节段的变化。内模由侧模、顶模和内框架组成，应便于拆模和修改。②如上一节段施工后出现中线或高程误差需要调整时，应在模板安装时予以调整。③模板和前一节段的混凝土面应平整密贴。

（9）安装预应力预留管道时，应保证管道连接紧密、管道定位准确。放置预应力管道时要注意和前一段的管道连接接头严密对准，并用胶布包贴，防止灰浆渗入管道，还应设置足够的定位钢筋，以保证预留管道在浇筑混凝土过程中位置正确，线形和顺。纵向预应力管道用塑料波纹管铺设时必须设置塑料内衬管，内衬管外径可比波纹管内径小 3～4mm。定位钢筋的纵向水平间距不大于 100cm，曲线段间距不大于 50cm。

（10）挂篮行走前要测定已完成节段梁端标高，并定出箱梁中轴线。当解除挂篮的后锚固后，挂篮沿箱梁中轴线对称向两端，每前进 50cm 作一次同步观测，防止挂篮转角、偏位造成挂篮受扭。

（11）箱梁梁段混凝土浇筑，可视箱梁截面高度情况采用一次或二次浇筑法。无论采用何种方法浇筑，梁段自重误差应在±3%范围内。

用一次浇筑法，可在箱梁顶板中部留一窗口，以供浇筑底板混凝土，待浇好底板后立即补焊钢筋封洞，并同时浇筑肋板混凝土，最后浇筑顶板混凝土，一次完成。浇筑肋板混凝土时，两侧肋板应同时分层进行。浇筑顶板及翼板混凝土时，应从外侧向内侧一次完成，以防发生裂纹。

当采用二次浇筑时，各梁段的施工应错开。箱梁分层浇筑时，底板可一次浇筑完成，腹板可分层浇筑，分层间隔时间宜控制在混凝土初凝之前且应使上层覆盖下层。为缩短两次浇筑混凝土的时间间隔，可一次支立外侧模，内侧模分次接高，内侧模接高应待底板混凝土达到一定强度后进行，同时做好钢筋的绑扎和预应力的定位、布设工作，然后浇筑肋板上段和顶板混凝土。其接缝除按施工缝要求进行处理外，还应采取如预埋型钢、预留凹槽等抗剪措施。

施工中还应注意：①检查钢筋、管道、预埋件的位置；②检查已浇混凝土表面的润湿情况；③浇筑时随时检查锚垫板的固定情况；④检查压浆管是否通畅牢固；⑤严密监视模板与挂篮变化情况，发现问题及时处理；⑥检查对称浇筑进度。

（12）箱梁截面混凝土浇筑顺序应按设计要求进行，若设计无明确要求，一般应按下列顺序进行浇筑：①浇筑混凝土时，必须从悬臂端开始，两个悬臂端应对称均衡地进行浇筑；②浇筑混凝土时，应加强振捣，对于高箱梁混凝土施工，可采用内侧模开仓振捣；③在浇筑混凝土的同时应注意对预应力管道的保护，浇筑后应及时对管道清孔，以利穿束。

（13）为提高混凝土早期强度，以加快施工速度，在设计混凝土配合比时，一般加入早强剂或减水剂。混凝土梁段浇筑周期一般为5~7d，为防止混凝土出现过大的收缩、徐变，应在配合比设计时按规范要求控制水泥用量。

（14）梁段拆模后，应对梁端的混凝土表面进行凿毛处理，以加强接头混凝土的连接。悬浇梁段分次浇筑混凝土时，如处理不当，由于后浇筑混凝土的重力的影响会引起挂篮变形，导致先浇筑的混凝土开裂，因此应采取措施消除后浇筑混凝土引起的挂篮变形，一般可采用下列方法：①水箱法：浇筑混凝土前在水箱中注入相当于混凝土质量的水，在混凝土浇筑过程中逐渐放水，保持挂篮负荷和挠度基本不变。②混凝土一次浇筑法：箱梁混凝土可采用一次浇筑，施工时应在浇筑混凝土前预留准确的下沉量，并在底板混凝土凝固之前全部浇筑完毕，即要求挂篮的变形全部发生在混凝土塑性状态之间，避免产生裂纹。③调整高度：浇筑混凝土时，可根据混凝土质量的变化，随时调整吊带高度。④抬高挂篮的后支点法：混凝土浇筑前将模板前端抬高，同时用千斤顶顶起挂篮后支点，将底模梁支承在千斤顶上，浇筑混凝土时，随混凝土质量的变化，随时调整底模梁下的千斤顶，抵消挠度变形。斜拉式挂篮因其总变形小，一般可在浇筑混凝土前预留下沉量，不必在浇筑过程中进行调整。

（15）分期浇筑混凝土时，新旧混凝土的结合面应凿毛洗净，还应严格控制相邻两次混凝土浇筑的龄期差，一般在任何情况下不得大于20d，同时应控制水灰比降低集料温度，减少模板与混凝土间的摩擦阻力。

（16）在每一梁段施工过程中出现大风预报应停止施工，并使两悬臂端不得出现不平衡荷载，且应确保挂篮的牢固性。

（17）混凝土浇筑完毕后应进行养护，待养护达到设计强度的75%，并经过孔道检查、修理管口弧度后，即可进行穿束、张拉、压浆和封锚等工作。

（四）施工中易出现的问题及预防措施

1. 箱梁腹板出现斜向裂缝

悬臂现浇混凝土箱梁拆模后张拉预应力索，腹板混凝土出现裂缝。一种是有规律地出现与底板约成45°的斜裂缝。另一种为沿预应力索管方向的斜向裂缝，往往是靠近锚头处裂缝开展较宽，远离锚头则逐渐变窄而至消失。

（1）原因分析

出现与底板成45°斜裂缝的原因极大可能是该区域的主拉应力，超过了该处的预应力索和普通钢筋的抗剪力及混凝土的抗拉强度。也有可能是混凝土拆模时间过早，混凝土尚未达到其设计抗拉强度。

出现沿预应力索管方向的裂缝的原因往往是：预应力索张拉时，索管及其周边混凝土受到较集中的压应力，由于泊松效应导致索管及其周边混凝土受到索管径向的巨大张力，如保护层混凝土不足以抵抗拉应力，则会在其最薄弱处开裂；混凝土未达到拆模、张拉的龄期或强度；腹板的非预应力普通钢筋网，钢筋间距较大，不能满足抗裂要求；施工临时荷载超载或在作用点产生过大的集中应力。

（2）预防措施

悬臂现浇混凝土箱梁腹板斜向裂缝的出现往往是设计、施工、材料、工艺等综合因素作用的结果，原因比较复杂。但其中必然有一两个原因是主要的。为此，应针对不同的情况，采取相应的对策。设计中应注意：①布置有弯起预应力筋部位，往往能有效地克服主拉应力。因此在无弯起预应力筋部位应特别注意验算该部位的主拉应力，并布置相应的抗裂钢筋。②加密普通钢筋间距以增强抗裂性。必要时可在易发生斜向裂缝的区段，加设钢丝网片。③在预应力束张拉集中的近锚头区域，增设钢筋网片，提高抗压能力和分散集中力。④施工工况、工艺流程必须与设计相符。如有变更应立即与设计单位联系，核算无误后方可施工。⑤混凝土未到龄期或强度，不能拆除模板。为掌握混凝土的实际强度，可在浇筑混凝土时多制作几组混凝土试块，在不同龄期进行试验。

2. 箱梁拆模后在腹板与底板承托部位出现空洞、蜂窝、麻面

箱梁浇筑混凝土拆模后，在底板与腹板连接处的承托部位，部分腹板离底板 1m 高范围内出现空洞、蜂窝、麻面。

（1）原因分析

箱梁腹板一般较高，厚度较薄，在底板与腹板连接部位钢筋较密，又布置有预应力筋使得腹板混凝土浇筑时不易振实，也有漏振情况，易造成蜂窝。

若箱梁设置横隔板，一般会设预留孔，浇筑混凝土时从预留入孔两边同时进料，易造成预留孔下部空气被封堵，形成空洞。

浇筑混凝土时，若气温较高，混凝土坍落度小，模板湿水不够，局部钢筋太密，振捣困难，易使混凝土出现蜂窝，不密实。

箱梁混凝土浇筑量较大，若供料不及时，易造成混凝土振捣困难，出现松散或冷缝。

模板支撑不牢固，接缝不密贴，易发生漏浆、跑模，使混凝土产生蜂窝、麻面。

施工人员操作不熟练，振捣范围分工不明确，未能严格做到对相邻部位交叉振捣，从而发生漏振情况，使混凝土出现松散、蜂窝。

（2）防治措施

箱梁混凝土浇筑前应做好合理组织和分工，对操作人员进行技术交底，划分振捣范围，浇筑层次清楚，相互重复振捣长度应取 50cm 左右，一边下料。

对设置横隔板的箱梁，混凝土要轮流从横隔板洞口一边下料，并从洞口下另一边振出混凝土，避免使空气封堵在洞口下部，这样就不易在洞口下部形成空洞。

合理组织混凝土供料，如采用商品混凝土，现场宜有临时备用搅拌设备，以便当商品混凝土因运输或其他原因带来供料中断时予以临时供料。

根据施工气温，合理调整混凝土坍落度和混凝土水灰比，当气温高时，应做好模板湿润工作。

当箱梁腹板较高时，模板上应预留入孔处，使得振捣棒可达到各部位。

对箱梁底板与腹板承托处及横隔板预留入孔处，应重点进行监护，确保混凝土浇筑质量。

第四章　道路桥梁施工组织管理

第一节　道路桥梁施工质量管理

对于整个工程的质量来说，道路桥梁施工管理具有重要作用，必须重点抓好施工过程中的质量控制，加强施工过程中的技术应用，从而使道路桥梁工程的施工质量得以保证，提高道路桥梁工程的使用性能。

一、道路桥梁施工质量管理概述

我国日趋完善的城市化基础设施，使加快道路桥梁工程建设成为一种客观需求。对道路桥梁施工中的技术应用及质量控制加强，能够使施工企业的经济效益得到有效的提高，同时还能使得整个社会得到可持续发展，并且对其具有重要的推动作用。因此，当务之急就是探索适合我国国情特点的施工质量管理方式

（一）工程质量概念

1. 质量

根据相关标准规定，“质量是指客体的一组固有特性满足要求的程度”。该定义中质量不仅是指产品质量，也可以是某项活动或过程的工作质量，还可以是质量管理体系运行的质量。质量由一组固有特性组成，这些固有特性是指满足顾客和其他相关方要求的特性，并由其满足要求的程度加以表征。

定义中的特性是指可区分的特征。质量特性是固有的特性，并通过产品、过程或体系设计和开发及实现过程形成的属性。固有的意思是在某事或某物中本来就有的，尤其是那种永久的特性。赋予的特性（如某一产品的价格）并非是产品、过程或体系的固有特性，不是它们的质量特性。

定义中满足要求就是指应满足明示的（如合同、规范、标准、技术、文件）、通常隐含的（如组织的惯例、一般习惯）或必须履行的（如法律、法规、行业规则）需要和期望。与要求相比较，满足要求的程度才反映为质量的好坏；对质量的要求除考虑满足顾客

的需要外，还应考虑其他相关方的自身利益、原材料供应商等供方的利益和社会的利益等多种需求。例如，需考虑安全性、环境保护、节约能源等外部的强制要求。只有全面满足这些要求，才能评定为好的质量或优秀的质量。

另外，有关方面对产品、过程或体系的质量要求是动态的、发展的和相对的。质量要求随着时间、地点、环境的变化而变化。如随着技术的发展、生活水平的提高，人们对产品、过程或体系会提出新的质量要求，因此，应定期评定质量要求、修订规范标准，不断开发新产品、改进老产品，以满足已变化的质量要求。另外，不同国家不同地区因自然环境条件不同，技术发达程度不同、消费水平不同和民俗习惯的不同会对产品提出不同的要求，产品应具有对环境的适应性，对不同地区应提供不同性能的产品，以满足该地区用户的明示或隐含的要求。

2. 产品质量

产品质量是指产品满足人们在生产及生活中所需要的使用价值及其属性，体现为产品的内在和外观质量指标。

3. 工程项目质量

工程项目质量包括工程产品实体和服务这两类特殊产品的质量。其中工程实体作为一种综合加工的产品，它的质量是指建筑工程产品适合于某种规定的用途，满足人们要求所具备的质量特性的程度；而“服务”是一种无形的产品，服务质量是指企业在推销、销售、售后服务过程中满足用户要求的程度。其质量特性依服务业内不同行业而异，但一般包括服务时间、服务能力、服务态度等。

道路桥梁工程建设项目具有实行招标投标、投资额大、生产周期长的特点，因此，服务质量同样是道路桥梁工程项目质量的主要组成之一。道路桥梁行业的服务质量既可以是定量的，也可以是定性的，例如，施工工期是定量的，而现场布置、施工单位与现场监理之间的协作配合与工程竣工后的保修等则是定性的。

4. 工作质量

工作质量是指参与工程的建设者，为了保证工程项目质量所从事工作的水平和完善程度。工作质量包括社会工作质量、生产过程工作质量等，它是质量的广义内容。工作质量不像产品质量那样直观，它体现在整个企业的一切技术和管理活动中，要保证工作质量，要求有关部门和人员的精心工作，协调配合，对影响工程质量的所有因素进行严格控制，通过工作质量来保证工程质量。

要保证公路工程建设处于较高的工作质量水平，必须从人员、材料、设备、方法等要素入手。

（1）人员素质

人是生产经营活动的主体，也是工程项目建设的决策者、管理者、操作者。工程建设的全过程，如项目的规划、决策、勘察、设计和施工，都是通过人来完成的。人员的素质，即人的文化水平、技术水平、管理能力、组织能力、作业能力、控制能力、身体素质及职业道德等都将直接或间接地对规划、决策、勘察、设计和施工的质量产生影响，而规划是否合理，决策是否正确，设计是否符合所需要的质量功能，施工能否满足合同、规范、技术标准的需要都将对工程质量产生不同程度的影响。所以，人员素质是影响工程质量的一个重要因素。因此，道路桥梁建设实行的经营资质管理和各类专业从业人员持证上岗制度是保证人员素质的重要管理措施。

（2）工程材料

工程材料泛指构成工程实体的各类建筑材料、构配件、半成品等，它是工程建设的物质条件，也是工程质量的基础。工程材料选用是否合理，产品是否合格，材料质量否经过检验，保管使用是否得当等，都将直接影响建设工程的结构刚度和强度、工程外表及观感、工程的使用功能和使用安全。

（3）机械设备

机械设备可分为两类：一是指组成工程实体的工艺设备和各类机具；二是指施工过程中使用的各类机具设备。工程使用的机具设备其产品质量优劣，直接影响使用工程质量。施工机具设备的类型是否符合工程施工特点，性能是否先进稳定，操作是否方便安全等，也将影响工程项目的质量。

（4）工艺方法

工艺方法是指施工现场采用的施工方案，包括技术方案和组织方案。前者如施工工艺和作业方法；后者如施工区段空间划分及施工流向顺序、劳动组织等。在工程施工中，施工方案是否合理，施工工艺是否先进，施工操作是否正确，都将对工程质量产生重大的影响。大力推进采用新技术、新工艺、新方法，不断提高工艺技术水平，是保证工程质量稳定提高的重要因素。

（二）工程项目质量管理

质量管理就是确定质量方针、目标和职能，并通过质量保证来使其实现所有管理职能的全部活动。而“全面质量管理”是指组织开展以质量为中心，全员参与为基础的一种管理方法，其目标是通过使用户满意，本单位成员和社会受益，以达到长期成功。

1. 质量策划

质量策划是为质量和采用的质量体系要素确定目标和要求而进行的一系列活动。它包括如下内容：工程策划对质量特性进行识别、分类和重要性评定，确定质量目标、要求和要素条件。管理和作业策划为实施质量体系做准备，包括组织与进度安排。编制质量计划并为质量改进做好准备。

2. 质量控制

质量控制也就是施工质量控制，即为满足工程质量要求所采取的施工作业技术和活动。施工作业技术和活动的主要内容是确定控制计划与标准，实施控制计划与标准，并在实施过程中进行连续监视、评价和验证。纠正不符合计划与程序的现象。排除质量形成过程中的不良因素。当偏离规范现象，恢复其正常状态。

3. 质量保证

为使人们确信所建造的公路能满足质量要求，在质量体系内所开展的并按需要进行证实的有计划和有系统的全部活动，称为质量保证。质量保证的核心在于使政府质量监督部门、工程业主和监理部门确信施工单位有能力满足规定的质量要求，给他们提供信任感。

为此，施工单位必须做到下述两点：提供充分必要的证据（记录）和接受评价。例如，政府质量监督部门、工程业主、监理部门和企业高层管理者组织实施的质量审核、质量监督、质量认证、质量评价（评审）。质量保证还分为内部质量保证和外部质量保证。

（1）内部质量保证

为了使本企业高层管理者确信本施工单位具备满足质量要求的能力所进行的活动，称为内部质量保证。其中包括质量审核、质量体系复审、质量评价、工序质量验证等，它是企业质量管理职能的活动内容之一。

（2）外部质量保证

为了使政府质量监督部门、工程业主和监理部门确信施工单位具备满足质量要求的能力而进行的活动，称为外部质量保证。在外部质量保证活动中，首先应把工程业主对施工单位的质量要求（如依照何种标准，需补充的保证要求及其水平）列入合同；其次，对施工单位的质量体系进行审核、验证和评价。施工单位应向施监理部门提供有关质量体系能满足合同要求的证据，包含质量手册、程序性文件、质量计划、质量凭证与记录、见证材料等。

4. 质量体系

质量体系是为实施质量管理，由组织机构、职责、程序、过程和资源构成的有机整体。其中，“组织机构、职责”，是指影响工程质量的组织体制。一般包括：领导职责与质量管理职能；质量机构的设置；各机构的质量职能、职责以及它们之间的纵向与横向关系；质量工作网络与质量信息传递与反馈等。“程序”是指为完成某项活动所规定的活动目的、范围、做法、时间进度、执行人员、控制方法与记录等。这些一般应以管理标准、工作标准、规章制度、规程等予以体现。“有机整体”是指质量体系应由若干相互紧密联系的要素构成。它们一般包括：工程设计、施工承包合同、标准规范、人员、物资采购、施工准备、质量管理方法的应用、工程安全与责任、测量和试验设备的控制、施工过程控制、不合格控制、纠正措施、工程竣工验证、竣工养护、质量文件和记录等。此外，还应有必要的体系文件，即质量手册、程序性文件（包括管理性程序文件、技术性文件）、质量计划等。

二、质量体系的建立和运行

施工过程的质量管理是指建立在质量体系的基础上，对施工质量开展一系列管理活动的过程。实行施工过程的质量管理应该有相应的目标、计划、制度和措施，通过组织和人员去落实。

（一）质量体系概述

1. 质量体系类型

（1）质量管理体系

质量管理体系是指为了长期实施连续有效的质量控制而由施工企业所建立的内部质量体系。

（2）质量保证体系

质量保证体系是指在合同条件下，施工企业为了实施业主规定的工程质量要求，并向业主证实质量保证能力所建立的质量体系。

2. 质量体系的有关术语

（1）质量方针

质量方针是由组织的最高管理者正式颁布的该组织总的质量宗旨和质量方向。质量方针是企业总方针的一个组成部分，由最高管理者批准。

（2）质量管理

质量管理是制订和实施质量方针的全部管理职能。质量管理是企业管理职能的一个方面。质量管理包括为实现质量目标而制订的战略规划、资源配备及其他与质量有关的系统的活动，如质量策划、实施和评价等。为达到规定的质量目标，应要求企业的全体职工参加有关活动并为之承担相应的责任，但质量管理的责任应由企业的最高领导者承担。

（3）质量体系

质量体系是为了达到质量目标而建立的综合体为了履行合同和法令，或进行评价，可要求供方提供体系中要素的证明。

（4）质量控制

质量控制是为了达到质量要求所采取的作业技术和活动。其目的在于监视一个过程并排除质量环上各阶段产生问题的原因，以取得经济效益。在质量管理工作中质量控制已有特定的含义，为避免混淆，当涉及一项具体的质量控制或当涉及一个更广泛的概念时要注意使用限定词，避免产生歧义。例如，“工序质量控制”“公司范围质量控制”。

（二）质量体系的运行

1. 建立和完善质量体系

（1）企业领导决策

只有企业主要领导下决心走质量效益型的发展道路，亲自组织、实践和统筹安排，才能确保这项工作的顺利开展。因此，企业领导决策是做好质量体系的首要条件。

（2）编制工作计划

编制工作计划即进行培训教育、体系分析、职能分配、文件编制、配备仪器设备等工作内容。

（3）分层次教育培训

组织学习 ISO 国际、国内系列标准，结合企业特点，研究对本职工作有直接影响的要素，提出质量要素控制的办法。

（4）分析企业特点

结合企业的特点和具体情况，确定采用哪些质量要素控制方法和程序。要素应对控制工程实体质量起主要作用。

（5）落实各项要素

企业在选好合适的控制质量要素后要把各项质量活动落实到具体部门或个人。要把企业的管理标准、工作标准、质量责任制、岗位责任制编制成与质量要素相对应的有效运行文件。

（6）编制质量体系文件

质量体系文件按文件作用分为法规性和见证性文件两类：第一类是规定各项质量活动的要求、内容和程序的文件；第二类是用以表明质量体系的运行情况和证实有效性的文件。这些文件记载体系的运行情况和工程实体质量的状态，是质量体系运行的见证。

2. 质量体系的运行

质量体系运行是执行质量体系文件、实现质量目标、确保质量体系持续有效和不断优化的过程。

（1）组织协调

组织协调工作是维护质量体系运行的动力，就公路工程企业而言，计划部门、施工班组、技术部门、试验部门、测量部门、检查部门都必须在目标与分工等方面协调一致，责任范围内不能出现空白，保持体系的连续性。这些都需要通过组织和协调工作来完成。

（2）质量监督

质量体系在运行过程中，各项活动及其结果不可避免地会有偏离标准的可能。为此，必须实施质量监督。质量监督是对工程实体进行连续性监视和验证，发现质量偏差，要求企业采取纠正措施，严重时责令其停工整顿，使工程质量符合标准规定。

（3）质量信息管理

质量信息管理是在质量体系运行中，通过质量信息反馈系统对信息进行反馈处理，从而使工程实体质量处于受控状态。

（4）质量体系评审

企业定期对质量体系进行审核和评价，其评审内容包括三个方面：一是评审质量体系要素；二是对体系进行管理；三是评价质量体系对环境的适应性。开展质量体系评审是保证质量体系持续有效运行的主要手段。

三、施工过程的质量管理

（一）施工准备阶段的质量管理

施工准备工作是整个施工活动的主要内容之一。它是根据工程设计及规范文件的要求，把材料、设备、能源、操作人员与专业技术等方面合理地组织起来，明确规定施工方法和程序，分析影响工程质量的因素，采用有效的控制方法，确保施工按照已制订的工艺方法和工艺过程在受控制状态下进行，为工程获得合格的性能质量创造条件。因此，施工准备工作是直接影响工程质量的十分重要的体系要素。施工准备工作包括制订施工质量控制计划，施工工序能力的验证，对原材料、辅助材料、公用设施、环境条件以及工艺文件的质量控制等。

1. 制订施工质量控制计划

在施工质量控制计划中，必须在规定的活动内容，有进度、有分析、有检验、有成果表达，要求责任部门认真对待，保质、保量、按期完成。

不同类型的企业、不同类型的工程，其施工质量控制计划的内容不尽相同，主要内容归纳起来有以下几个方面，可根据实际需要来选择采用：审查、研究工程施工的工艺性，以保证工程施工质量，确保施工顺利进行；确定合理的施工工艺方法、工艺路线和计算机软件，编制工艺流程；选择与质量特性要求相对应的机械设备，配备必要的测试仪器、仪表；对采用的新材料、新工艺、新设备进行试验与验证；设计、制造、验证施工采用的工艺装备、储运工具和辅助设备；制订工序质量控制计划；对于关键工序、部位和环节实行重点的工序控制，对于重点控制的质量特性设置工序质量控制点；编制工程检验计划，指导检验人员开展正常质量检验，主要内容有确定检验程序、检验手段和方法、检验路线、检验设备及工具、检验质量特性、检验标准等；制订合理的材料消耗定额和工时定额；培训操作人员，特别是特殊工种的操作人员，进行资格认可和颁发岗位培训合格证件；分析影响工序质量的因素，并确定其中的主导因素，在施工工序中加以控制；编制各种控制工序质量的文件和图表，如工序质量表、作业指导书、设备定期检修卡、质量控制图、质量检验规范等；研究改进施工质量和工序能力的措施和方法。

2. 工序能力的验证

工序能力就是工序能够稳定施工，完成合格工程的能力，即指工序处于受控状态下的实际施工能力。由于工序质量是影响工程质量的基本环节，故在工序准备工作中应对工序是否具备施工完成符合工程质量要求的能力进行验证。这就要求抓住对工程有重大影响的重点工序，对影响工序质量的六大因素（操作人员、机械设备、材料、工艺方法、测试手段及环境条件）进行分析与验证，以确保工序能力符合工程设计和规范的质量要求。例如，在大面积施工路面结构层之前，通常选取一个典型路段，作为配置和验证路面铺筑工序能力的试验路段。

3. 材料的质量控制

材料的含义包括供应给施工企业的原料、材料、零件、元件、部件、半成品等。一般而言，施工企业的外购材料费用占工程总造价的 30%～70%。因此，要求供货单位的质量保证是十分重要的。

材料质量控制的主要内容：编制材料采购计划；材料的订购及供应单位（或厂商）的选择；合同签约；材料的验收质量控制；材料保管和发放的质量控制。

（二）施工过程的质量管理

施工过程的质量管理是从工程开工到竣工的整个过程对工程质量的控制。质量管理的职能是根据设计、技术标准和工艺文件的规定以及施工质量控制计划的要求，对各种影响施工质量的因素具体实施控制活动，以确保施工完成的工程符合设计意图和质量规范的要求。为此，施工过程中应着重控制如下几个环节：

1. 加强工艺管理，严格执行工艺规程

施工过程质量控制的核心问题就是采取各种有效措施，使施工过程处于稳定的控制状态，从根本上减少或消灭不合格项目。尽管影响工程质量的因素很多，但这些因素的变化与工程质量波动的内在联系是有规律的。因此，施工过程的质量控制就是要着重研究和应用这些规律，不断地提高工艺质量。进行岗位培训，明确岗位责任制，严格控制施工，强化工艺纪律，加强工艺文件的管理、工艺更改的监督、特殊工艺的控制、不合格项目的控制、工艺状态的验证等均属于工艺管理的内容。

2. 严格把关，强化施工过程中的检验工作

为了保证质量，在施工过程中必然存在一个检验过程。施工过程中质量检验的任务是把好“三关”：材料关，即原材料、辅助材料、外购材料、半成品的质量关；工艺关即施工过程的工艺质量关；成品关，即工程项目施工完成后应符合设计和规范的要求。

质量检验活动应贯穿于工程施工的全过程。开工前做好检验的准备工作，如确定质量检验标准、检验方法和手段以及根据施工工艺过程确定检验范围、配备检查人员、组织检验工作。在检验中，按照工程质量标准要求，用全数检验或抽样检验方法，从材料以及施工过程中的在建项目，直至已完工程的全过程进行检验，并随时做好检验记录，填好统计报表。同时，应妥善保管、分类编目，建立工程质量档案，利用检验所得的数据、资料以及下道工序的意见，及时进行质量分析，发现质量异常波动，迅速反馈给有关部门及管理人员，做到日有日报表，月有月报表，季度、年度有综合质量统计与分析报表。此外，还应制订对每个工程项目、工段、工班和职工的经济考核制度，纳入质量经济责任制。新材料和新技术的试验工作、优化设计各阶段的设计评审工作、工艺评审以及工程质量评审工作，检验部门都应当参与。

第二节　道路桥梁施工成本管理与安全管理

一、道路桥梁施工成本管理

（一）施工项目成本管理概述

加强道路桥梁工程项目成本控制是科学细化施工企业管理的关键环节，道路桥梁工程项目成本管理是项目施工管理的核心，加强成本管理有助于实现利润目标，增强企业的竞争力。只有在工程项目全过程中进行成本管理与控制，才能更好地提高经济效益。

1. 施工项目成本及成本管理的概念

道路桥梁施工企业的基本活动是建造公路建筑产品。在建造公路建筑产品过程中，要发生各种生产耗费，包括劳动对象的耗费、劳动手段的耗费以及劳动力的耗费等。这些耗费的货币表现称为生产费用。施工项目成本是施工企业以施工项目作为成本核算对象，施工过程中所耗费的生产资料转移价值和劳动者的必要劳动所创造的价值的货币形式，也就是某施工项目在施工中所发生的全部生产费用的总和，包括所消耗的主、辅材料，构配件，周转材料的摊销费或租赁费，施工机械的台班费或租赁费，支付给生产工人的工资、奖金，以及项目经理部（或分公司、工程处）一级为组织和管理工程施工所发生的全部费用支出。施工项目成本不包括劳动者为社会所创造的价值（如利润），也不包括不构成施工项目价值的一切非生产性支出。

施工项目成本是施工企业的主要产品成本，亦称工程成本，一般以项目的单位工程作为成本核算对象，通过各单位工程成本核算的综合来反映施工项目成本。

施工项目成本管理是根据企业的总体目标和工程项目的具体要求，在工程项目实施过程中，对工程项目的成本进行有效的组织、实施、控制、跟踪、分析和考核的管理活动，它是施工企业项目管理系统中的一个子系统，也是项目管理的核心，加强工程项目成本管理，有助于实现目标利润，提高成本管理水平，降低工程成本，创造良好经济效益，是公路施工企业积蓄财力，增强企业竞争力的必由之路。

道路桥梁施工项目成本研究的是财务成本（即现金成本），是以货币或资金的形式表现的非财务成本的一种，不能通过资金形式直接表示。非财务成本虽然耗费了资金，它却不能马上表现为现金支出，但是日后也会通过其他途径最终表现在资金形态上，如精神成本、企业形象和企业的声誉。因此，施工成本管理既是对资金要素的管理，又是对各项施工要素管理的综合效果，与其他生产要素管理密不可分。

2. 施工项目成本的分类

（1）按成本管理的要求分类

①预算成本

公路工程项目的产品具有多样性、固定性和生产周期长的特点，对工程项目的建设需要通过编制预算来确定产品价格。预算成本是根据施工图，按分部、分项工程的预算单价和取费标准计算的工程预算费用。工程预算成本加间接费、利润和税金，即为工程项目的预算造价。在招标投标时，预算造价是施工企业与发包单位签订承包合同和进行工程价款结算的主要指标。

预算成本是确定工程造价的基础，也是编制计划成本的依据和评价实际成本的依据。

②计划成本

施工项目计划成本，是指施工项目经理部根据计划期有关资料（如工程的具体条件和施工企业为实施该项目的各项技术组织措施），在实际成本发生前预先计算的成本，也就是施工企业考虑降低成本措施后的成本计划数。

计划成本反映了企业在计划期内应达到的成本水平，对于加强施工企业和项目经理部的经济核算，建立和健全施工项目成本管理责任制，控制施工过程中生产费用，降低施工项目成本具有十分重要的作用，是施工项目成本分析和考核的重要依据之一。

③实际成本

实际成本是施工项目在报告期内实际发生的各项生产费用的总和。它是反映施工企业施工管理水平和考核企业成本降低任务完成情况的重要依据。

实际成本与计划成本比较，可揭示成本的节约和超支，考核企业施工技术水平及技术组织措施的贯彻执行情况以及企业的经营效果。实际成本与预算成本比较，可以反映工程盈亏情况。计划成本和实际成本都是反映施工企业成本水平的，它受企业本身的生产技术、施工条件及生产经营管理水平所制约。

（2）按费用与完成工程数量间的关系分类

施工费用支出的数字与工程最终成果有依存关系，按这种关系可把施工费用分为变动费用和固定费用。变动费用和固定费用的划分，将有助于进行成本预测、计划和分析，也有助于寻求降低成本的途径。招投标情况下，还有助于合理确定投标报价策略。

变动费用是指成本总额随业务量的增减变化而成比例变动的费用，如直接用于工程的材料费、实行计划工资制的人工费等。所谓变动，也是就其总额而言，对于单位分项工程上的变动费用通常是不变的。固定费用是指在一定时期和一定生产规模的情况下，其耗费总额不受业务量增减变化的影响，基本保持一个常数或相对固定的费用如折旧费、大修理费、管理人员工资、办公费等。一般来说，企业每年的固定成本基本相同。但是，当工程量超过一定范围则需要增添机械设备和管理人员，此时固定成本将会发生变动。此外，所谓固定，指其总额而言，对于分配到每个单位工程量上的固定费用则是变动的。

3. 施工项目成本管理的基本原则

施工项目成本管理是企业成本管理的基础和核心，施工项目经理部在对项目施工过程进行成本管理时，必须遵循以下基本原则：

（1）成本管理科学化原则

成本管理是企业管理学中一个重要内容，企业管理要实行科学化，必须把有关自然科学和社会科学中的理论、技术和方法运用于成本管理。例如，在施工项目成本管理中，可以运用预测与决策方法、目标管理方法、量本利分析方法和价值工程方法等。

（2）成本管理最低化原则

施工项目成本管理的根本目的是通过运用成本管理的各种手段，不断降低施工项目的成本，达到可能实现最低的目标成本的要求。但是，在实行成本最低化原则时应注意研究降低成本的可能性和成本最低的合理性，一方面挖掘各种降低成本的潜力，使可能性变为现实；另一方面要从实际出发，制定通过主观努力可能达到合理的最低成本水平，并据此进行分析、考核和评比。

（3）成本管理责任制原则

为了实行全面成本管理，施工项目经理部应对企业下达的指标负责，班组和个人对项目经理部的成本目标负责，以做到层层分解，以分级、分工、分人的成本责任制作保证，定期考核评定成本责任制的关键是划清责任，并与奖惩制度挂钩，使各部门、各班组和个人都来关心施工项目成本。

（4）成本管理有效化原则

所谓成本管理有效化，主要有两层含义。一是以最少的人力和财力，完成较多的管理工作，提高工作效率；二是促使施工项目经理部以最少的投入，获得最大的产出。

提高成本管理有效性，一是采用行政方法，通过行政隶属关系，下达指标，制定实施措施，定期检查监督；二是采用经济方法，利用经济杠杆、经济手段实行管理；三是用法制方法，根据国家的政策方针和规定，制定具体的规章制度，用法律手段进行成本管理。

（5）成本管理全面性原则

全面成本管理是全企业、全员和全过程的管理，亦称“三全”管理。长期以来，在施工项目成本管理中，存在“三重三轻”问题，即重实际成本的核算和分析，轻全过程的成本管理和对其影响因素的控制；重施工成本的计算分析，轻采购成本、工艺成本和质量成本；重财会人员的管理，轻群众性的日常管理。为了确保不断降低施工项目成本，达到成本最低化目的，必须实行全面成本管理。

（二）施工项目成本计划与控制

1. 施工项目成本计划

在施工企业的综合经营计划中，不仅要有工作量完成计划、机械使用计划和劳动力调配计划等，还要有成本计划、利润计划。施工企业的施工项目成本计划是在成本预测的基础上进行的，是施工企业为确定计划年度降低成本水平和成本目标而编制的指导性计划，是计划年度施工企业各项降低成本措施及其经济效益的综合反映。它是施工单位进行成本管理的基础和重要手段之一。编制施工项目成本计划，必须指标先进、切实可行、有科学论证、能落实到具体部门去实行。

（1）施工项目成本计划表

成本计划就是费用开支计划。计划成本（目标成本）是费用开支的最高限额。想要有效地控制工程成本，就必须充分重视成本计划的编制。

（2）施工项目成本计划的编制程序

①资料准备与分析

成本计划的编制过程是充分利用资料、研究分析资料和利用各种资料对计划年度降低成本水平和成本目标进行决策分析的过程，资料是编制成本计划的基础和主要信息来源。

编制成本计划所必需的基础资料有：a. 国家和上级主管部门下达的降低成本计划指标及其相关指标。b. 施工单位年度与制定成本计划有关的各项经营管理计划，主要包括施工生产计划、劳动工资计划、物资供应计划、技术组织措施方案、年度报表、成本报表、施工图预算、施工预算和施工组织计划等资料。c. 材料、工时、施工机械台班消耗等现场信息的各项技术经济定额和费用开支标准。d. 施工单位以前年度有关施工项目成本计划、实际和分析资料。e. 其他有关资料。

上述资料经收集后，还要进行初步整理与分析，检查资料的真实性、完整性、代表性，剔除虚假因素和排除偶发因素干扰，认真比较，分析历史成本资料之间的差异，从中找出成本变化的一般规律。

②确定计划成本目标

项目经理部的财务部门在掌握了丰富的资料，并加以整理分和分析，特别是在对基期成本计划完成情况进行分析的基础上，根据有关的设计、施工等计划，按照工程项目应投入的物资、材料、劳动力、机械、能源及各种设施等，结合计划期内各种因素的变化和准备采取的各种增产节约措施，进行反复测算、修订、平衡后，估算生产费用支出的总水平，进而提出全项目的成本计划控制指标，以确定目标成本。然后，把目标成本以及总的目标分解落实到各个相关部门、班组。

③编制成本计划草案

对大中型项目，经项目经理部批准下达成本计划指标后，各职能部门应充分发动群众进行认真的讨论，在总结上期成本计划完成情况的基础上，结合本期计划指标，找出完成本期计划的有利和不利因素，提出挖掘潜力、克服不利因素的具体措施，以保证计划任务的完成。为了使指标真正落实，各部门应尽可能将指标分解落实下达到各班组及个人，使得目标成本的降低额和降低率得到充分讨论、反馈、修订，使成本计划既能够切合实际，又成为群众共同奋斗的目标。

各职能部门应认真讨论项目经理部下达的费用控制指标，拟订具体实施的技术经济措施方案，编制各部门的费用预算。

2. 施工项目成本控制

所谓成本控制，就是在施工过程中，对工程成本的形成进行监督，并及时纠正而使工程成本限制在计划范围内，以实现降低成本的目标。施工项目成本控制具有三方面的含义：一是对目标成本本身的控制；二是对目标成本形成过程的控制和监督；三是在过程控制的基础上，着眼于未来，为今后成本的控制积累经验。

（1）施工项目成本控制的依据

①计划指标

施工企业分解下达的成本计划指标是控制成本的基本依据，它包括单位工程成本计划、工程成本计划降低额和工程成本计划降低率等。为了便于掌握，还应根据需要将上述计划指标进行必要的分解。按分级管理要求可将成本计划指标进行纵向分解落实到基层单位；按归口管理要求可将成本计划指标分解落实到各个职能部门。在以上各部门、各基层单位控制的指标中，有的指标直接和成本相联系，属于成本指标；也有些指标，如质量、工期、安全、劳动生产率、设备利用率等，其本身虽然不是成本指标，但这些指标完成的好坏，必然引起成本水平的升降。所以，成本控制不应局限于几个成本指标，而必须同时从增产和节约两方面着手，这样才能抓好成本控制工作。

②施工定额

施工定额具体包括劳动定额、材料消耗定额、机械台班定额以及间接费用定额，这些定额是控制成本的辅助依据。

劳动定额是企业编制施工预算、施工组织设计和作业计划的依据，也是施工队向班组签发工程任务单、控制人工支出的依据。

材料消耗定额也是编制施工预算、施工组织设计和作业计划的依据，是确定材料和工程用料的标准。

机械台班定额是完成单位工程所必需的机械台班消耗标准。在编制施工预算时，应根据施工组织设计、工期和现场实际情况计算出所需台班数量，并据以控制台班支出。

间接费用定额是工程施工现场管理机构为组织管理施工生产所发生的费用消耗标准，是编制间接费计划和控制间接费支出的依据。

③其他内部管理制度

施工企业其他内部管理制度，如材料领用、退回、盘点、奖励制度等，也是控制成本的辅助依据。

（2）施工项目成本控制的基本要求

①掌握标准

在确定了成本控制的目标和标准后，各职能部门、各生产岗位和职工就要依据成本进行控制。掌握标准，要严格按照标准办事，实事求是，如实反映情况，对变化作具体分析，灵活应对。

②分析差异

在施工过程中，通常由于某些原因，使实际发生的成本数额与预定的标准产生偏差，造成目标成本超支或节约。差异反映了各部门、岗位的工作质量和效果，要及时对成本进行分析，研究节约或超支的各种原因及其对完成成本计划的影响。

③调整偏差

对发生的成本差异，应在查明原因的基础上，由成本管理人员定期向领导做实绩报告，提供成本差异信息，以便及时对原有不切实际的成本标准进行调整或修改。

（三）施工项目成本核算、分析与考核

1. 施工项目成本核算

施工项目成本核算是根据工程施工特点和管理要求，对施工生产过程中的各项耗费进行审核、记录、汇集和分配，以计算工程的实际成本。通过成本核算可以了解成本水平，根据成本核算资料分析成本升降的原因，从而采取措施，挖掘降低成本的潜力，并为编制成本计划提供依据。施工企业实施项目法施工后，工程成本核算一般实行公司、项目两级

核算或实行公司、分公司、项目三级核算。项目经理部根据公司（或分公司）下达的成本指标，核算本项目包括现场管理费在内的直接工程费，即制造成本。公司（或分公司）核算当期管理费、财务费和其他费用，即当期损益。

施工项目成本核算是施工项目成本管理中最基本的职能，离开了成本核算，就谈不上成本管理，也就是说谈不上其他职能的发挥。施工项目成本核算在施工项目成本管理中的这种重要地位体现在两个方面：首先，它是施工项目进行成本预测，制订成本计划和实行成本控制所需的重要信息来源；其次，它是施工项目进行成本分析和成本考核的基本依据。

（1）施工项目成本核算的任务

鉴于施工项目成本核算在施工项目成本管理中所处的重要地位，施工项目成本核算应完成以下基本任务。

执行国家有关成本开支范围、费用开支标准、工程预算定额、企业施工预算、成本计划的有关规定，控制费用，促使项目合理，节约地使用人力、物力和财力。这是施工项目成本核算的先决前提和首要任务。

正确及时地核算施工过程中发生的各项费用，计算施工项目的实际成本。这是项目成本核算的主体和中心任务。

反映和监督施工项目成本计划的完成情况，为项目成本预测、技术经济评价、参与经营决策提供可靠的成本报告和有关信息，促进项目改善经营管理，降低成本，提高经济效益。这是施工项目成本核算的根本目的。

（2）施工项目成本核算对象的确定

成本核算对象是指在计算工程成本时，确定归集和分配生产费用的具体对象，即生产费用承担的客体。合理地划分施工项目成本核算对象，是正确组织工程项目成本核算的前提条件。

确定施工项目成本核算对象的原则，应以每一独立施工图预算所列的单位工程为依据，并结合施工现场条件和施工管理要求，因地制宜地确定成本核算对象。在实际成本核算中，施工项目成本核算对象的确定，一般有以下几种方法：第一，以每一独立编制施工图预算的单位工程为成本核算对象。一个单位工程由几个施工单位分包施工时，各施工单位都应以同一单位工程为成本核算对象，各自核算其自行施工的部分。第二，对于规模较大、工期较长或者采用新技术、新工艺、新材料、新结构的单位工程，可将工程划分为若干部位，以分项工程作为成本核算对象。第三，同一个施工项目，同一施工地点，同一结构类型，开、竣工时间接近的若干个单位工程，合并作为一个成本核算对象。第四，改建、扩建的零星工程，可以将开、竣工时间接近，属于同一施工项目的几个单位工程合并为一个成本核算对象。第五，土石方工程、打桩工程可以根据实际情况和管理需要，以一个单位工程作为成本核算对象，或将同一施工地点的若干个工程量较小的单位工程合并作为一个成本核算对象。

（3）施工项目成本核算的内容及工作流程

工程施工过程中发生的各项施工费用，首先按照确定的成本核算对象和成本项目进行归集，能够直接计入有关成本核算对象的，直接计入，不能直接计入的，采用一定的分配方法计入各成本核算对象的成本；其次计算出各施工项目的实际成本，将实际成本与预算成本、计划成本对比核算。

对比核算的内容，包括项目总成本和各个成本项目的相互对比，用以观察分析成本升降情况，同时作为考核的依据。比较的方法有两种：通过实际成本与预算成本的对比，考核工程项目成本的降低水平；通过实际成本与计划成本的对比，考核工程项目成本的管理水平。

2. 施工项目成本分析

施工项目成本分析是对企业成本形成情况进行评价、剖析、总结的工作。通过施工项目的成本分析，一方面确定实际成本达到的水平，查明影响成本升降的因素，揭示节约和浪费的原因，寻找进一步降低成本的方法和途径（包括项目成本中的有利偏差的挖潜和不利偏差的纠正）；另一方面，可从账簿、报表反映的成本现象看清成本的实质，从而增强项目成本的透明度和可控性，为加强成本控制，实现项目成本创造条件。由此可见，施工项目成本分析是施工项目成本管理的重要组成内容。

（1）施工项目成本分析的内容

从总体上说，施工项目成本分析的内容应该包括以下三个方面：

①按项目施工的进展进行的成本分析

按项目施工的进展进行的成本分析包括：分部分项工程成本分析、月（季）度成本分析、年度成本分析、竣工成本分析。

②按成本项目进行的成本分析

按成本项目进行的成本分析包括：人工费分析、材料费分析、机械使用费分析、其他工程费分析、间接成本分析。

③针对特定问题和与成本有关事项的分析

针对特定问题和与成本有关事项的分析包括：施工索赔分析、成本盈亏异常分析、工期成本分析、资金成本分析、技术组织措施节约效果分析以及其他有利因素和不利因素对成本影响的分析。

（2）施工项目成本分析的方法

进行成本分析要采用一定的技术方法。由于施工项目成本涉及的范围很广，成本分析的技术方法也是多种多样的，具体采用什么方法，取决于分析的内容、特点和要求。在工程成本分析中通常采用的方法主要有以下几点：

①比较法

比较法又称指标对比分析法。它是通过技术经济指标的对比，确定指标之间的差异，为深入分析形成差异的原因和影响程度指出方向的一种方法。这种方法，具有通俗易懂、简单易行、便于掌握的特点，因而得到了广泛的应用，但在应用时必须注意各技术经济指标的可比性。

②比率法

比率分析是指把分析对比的数值变成相对数，以观察其相互之间的关系、构成或变化动态的方法。分析的内容和要求不同，计算比率的方法各异。

③因素分析法

在成本分析中，对一些由多因素构成的经济指标，通常在采用上述的对比分析法确定其总差异数值之后，还要进一步分析形成差异的原因。在这种情况下，就有必要采用因素分析法，解析差异总值的形成，为更加深入具体的分析指明方向。

所谓因素分析法，是指利用指数分析法，通过指数体系，分析各种因素的变动对施工项目工程成本的影响程度，从数量上说明成本变动的具体原因。

二、道路桥梁施工安全管理

道路桥梁施工的安全生产管理是工程项目管理的关键，是建设优质道路桥梁工程的必要条件。道路桥梁施工安全生产与一般建筑施工安全生产有着不同的特点，在安全生产管理工作中要不断学习、不断总结安全管理工作经验，并及时调整改进安全生产管理办法。

（一）道路桥梁工程项目安全管理的原则

由于道路桥梁工程建设具有生产规模大、周期长，参与人数多，生产环境复杂多变，安全生产难度大等特点。我国目前实行“企业负责、行业管理、国家监察、群众监督、劳动遵章守纪”的安全生产管理体制。

企业对安全生产负责的关键是要做到“三个到位”，即责任到位、投入到位、措施到位。公路工程施工安全管理的原则主要有以下几点：

1. 管生产必须管安全的原则

管生产必须管安全的原则是道路桥梁施工企业必须坚持的基本原则，是指企业主管生产的各级管理人员在生产过程中必须坚持抓生产的同时抓安全。管生产必须管安全的原则体现了“安全为了生产，生产必须安全”。

2. 谁主管谁负责、一把手负总责的原则

“谁主管谁负责、一把手负总责”作为企业安全生产的原则，首先明确了企业法定代表人是安全生产第一责任人，对本企业安全生产应负全面责任。分管安全生产工作的副职，在其分管和涉及安全生产内容的同时，也应承担相应的领导责任。企业在制定安全生产领导责任制的同时，还应当制定安全生产责任制。这样才能保证企业的生产管理做到全面覆盖，使安全责任落实到位。真正形成主要领导负总责，分管领导具体抓，其他领导协助力，各部门各司其职、各尽其责，齐抓共管的安全生产工作新局面。

3. 预防为主的原则

预防为主的原则就是把安全生产工作的关口前移，超前防范，建立预测、预想、预报、预警、预防的递进式与立体化事故隐患预防体系，改善安全状况，预防安全事故。

4. 动态管理的原则

动态管理的原则即安全管理过程是一个动态的管理过程。随着施工项目进展，安全管理的内容和重点也在发生着变化。所以，在道路桥梁工程施工安全管理方面要坚持动态管理的原则。

5. 计划性、系统性原则

安全管理的两个显著特点即计划性和系统性。安全管理和其他管理大同小异，都要将计划性与系统性列入年度或月度计划中去。企业的安全管理要依据企业安全生产实际和上级主管部门的要求，合理确定企业某时期的安全生产方向、目标值以及实现安全目标的主要措施。

6. 奖优和罚劣相结合的原则

在道路桥梁工程施工安全管理当中既要采用奖励的手段，也要采用惩罚的管理手段，奖优要本着精神鼓励与物质鼓励相结合的原则。

7. “安全第一”的强制性原则

“安全第一”就是要求在进行生产和其他活动时把安全工作放在一切工作的首要位置。当生产和其他工作与安全发生矛盾时，要以安全为主，生产和其他工作要服从安全。

8. 以人为本的原则

在道路桥梁工程施工安全管理中，要处处把人的安全放到首位，以人为本，以人的生命为本，关爱生命、关注安全，从而做到安全发展。

9. “四不放过”的原则

“四不放过”的原则是指在发生安全生产事故时，必须坚持事故原因不查清不放过、事故责任人没处理不放过、事故相关者没得到应有的教育不放过、事故的防范措施不落实不放过的处理方法。

（二）道路桥梁施工项目安全管理的范围和要求

1. 路基工程施工的安全管理范围和要求

（1）路基工程施工安全管理的范围

路基工程施工安全管理的范围包括：土方施工、石方施工、高边坡施工、爆破作业、机械作业、挡护工程等。其中各个管理方面都包含了对过程中起到能动作用的人的管理和施工中的各种机械、工具等的管理以及对施工环境的安全管理，即人们常说的“人、机、料、法、环”五个方面。

（2）路基工程施工安全管理的一般要求

路基工程施工安全管理必须建立健全路基施工安全保障体系，由项目经理部牵头，全面落实安全生产责任制，建立相应的安全生产预防、预警、预控、安全检查、隐患排查、事故报告与处理、应急处置等安全生产保障措施。

施工现场布置应有利于生产，方便职工生活。施工现场内的坑、沟、水塘等边缘应设安全护栏，场地狭小以及行人较多和运输繁忙的地段应设专人指挥交通。

路基用地范围内对通信、电力设施、上下水道（管）等均应协助有关部门事先拆迁或改造，对文物古迹应妥善保护，下挖工程开挖前，应根据设计文件复查地下构造的埋置位置及走向，并采取相应的安全防护措施。施工中如发现可疑物品，应停止施工，报请有关部门处理。

路基施工机械设备应有专人负责保养、维修和看管。各种机械操作人员、电工必须持证上岗，同时经常加强对驾驶员、电工及路基作业人员的安全教育。路基施工现场必须做好交通安全管理工作。夜间施工，路口、边坡顶必须设置警示灯或反光标志，专人管理灯光照明。

现场操作人员必须按规定佩戴个人安全防护用品，机械燃料库必须设消防防火设备。

施工现场易燃品必须分工放置，保证一定的安全距离。

2. 路面工程施工的安全管理范围和要求

（1）路面工程施工的安全管理范围

路面工程施工的安全管理范围包括：沥青路面工程的安全管理、水泥混凝土路面工程的安全管理。

（2）路面工程施工安全管理的一般要求

确定施工方案，及时准确发布路面施工信息。详细划分施工区域，设置好安全标志，严格按警告区、上游过渡区、缓冲区、作业区、下游过渡区、终止区来划分施工区域。施工现场所有施工人员应统一穿着橘黄色的反光安全服，施工时还应设专职的交通协管员和专职安全员，而且安全员分班实行24h施工路段安全巡查。施工车辆必须配置黄色闪光标志灯，停放在施工区内规定的地点。不得乱停乱放，要摆放整齐，特别在进出施工场地时，要绝对服从专职交通协管员的指挥，不得擅自进出。在施工区域两端应设置彩旗、安全警示灯、闪光方向标，给施工车辆和社会车辆以提示作用。

3. 桥梁工程的安全管理范围和要求

（1）桥梁工程的安全管理范围

桥梁工程的安全管理范围包括：桩基工程的安全管理、墩台工程的安全管理、墩身和盖梁工程的安全管理、桥面工程的安全管理等。其中各个管理方面都包含了对施工中人的安全管理，机械、工具等的安全管理以及施工环境的安全管理。此外，桥梁工程施工安全还要注意高处作业安全、缆索吊装施工安全、门架超重运输安全、混凝土浇筑安全、泵送混凝土安全、模板安装及拆除安全、脚手架安全、支架施工安全、钢筋制作安全、焊接安全等。

（2）桥梁工程施工安全管理的一般要求

高墩、大跨、深水、结构复杂的大型桥梁施工，应对施工现场进行重大安全风险辨识与评估，并制定相应的安全技术措施。工程开工之前，应根据《公路工程施工安全技术规程》的要求制订出相应的安全技术操作规程，并及时向施工人员进行安全技术交底。施工人员进入施工现场须正确佩戴个人安全防护用品、用具，严防高处坠落、物体打击、触电或其他各类机械、人为的伤害事故发生。施工前应对施工现场安全防护设施、临时用电、临时机电机具、特殊设备设施等进行全面的安全检查，确认符合安全要求后方可施工。

4. 陆地工程的安全管理范围和要求

陆地工程的安全管理范围包括：各类人员的安全培训考核；特殊工种持证上岗以及各

种安全技术交底；针对人员的安全管理；针对运输车辆、吊车、装载机、拌和站、摊铺机、压路机等机械机具的安全管理；针对施工现场各种安全防护、标识标语等环境的安全管理。

陆地工程安全管理必须保证道路桥梁工程项目在施工过程中，以安全为目的的标准化、科学化管理。

5. 高空工程施工的安全管理范围和要求

（1）高空工程安全管理的范围

高空工程安全管理的范围包括：高空作业人员管理、从业人员的安全培训、安全技术交底、现场安全监督检查；高空作业临时防护及高空作业平台、高空防坠落等现场环境安全管理；高空作业机械、机具、各种用电等设施的安全管理。

（2）高空工程施工安全管理的一般要求

高空作业施工前，应逐级进行安全技术教育及交底，落实所有安全技术措施和个人防护物品，未经落实时不得进行施工。高处作业时的安全标志、工具、仪表、电气设施和各种设备，必须在施工前加以检查，确认其完好，方能投入使用。悬空、攀登高处作业以及搭设高处安全设施的人员必须按照国家有关规定经过专门的安全作业培训，并取得特种作业操作资格证书后，方可上岗作业。

从事高空作业的人员必须定期进行身体检查，诊断出患有心脏病、贫血、高血压、癫痫病、恐高症及其他不适宜高处作业的疾病时，相应人员不得从事高处作业。高空作业人员应佩戴安全帽，身穿紧口工作服，脚穿防滑鞋，腰系安全带。在有坠落可能的部位作业时，必须把安全带挂在牢固的结构上，安全带应高挂低用，不可随意缠在腰上，安全带长度应超过 3m，作业时要严格遵守各项劳动纪律和安全操作规程，严禁酒后和过度疲劳的人员进行登高作业。

高空作业场所有可能坠落的物体，应一律先行撤除或予以固定，所用物件均应堆放平衡，不妨碍通行和装卸。工具应随手放入工具袋，拆卸下的物件及余料、废料均应及时清理运走，清理时应采用传递的方式，禁止抛掷。

遇有六级以上的强风、浓雾和大雨等恶劣天气时，不得进行露天悬空与攀登高处作业。台风暴雨后，应对高处作业安全设施逐一检查，如发现有松动、变形、损坏、脱落、漏雨、漏电等现象，应立即修理完善或重新设置。

所有安全防护设施和安全标志等，任何人不得损坏或擅自移动和拆除。因作业必须临时拆除或变动安全防护设施、安全标志时，必须经有关施工负责人同意，并采取相应的可靠措施，作业完毕后立即恢复。

施工中对高空作业的安全技术设施发现有缺陷和隐患时，必须立即报告，及时解决。危及人身安全时，必须立即停止作业。高处作业上下应设置联系信号或通信装置，并指定专人负责。

6. 爆破工程施工的安全管理范围和要求

（1）爆破工程的安全管理范围

爆破工程的安全管理范围包括：对操作人员进行的培训和考核、技术交底、考试取证、安全教育等安全管理；对炸药、雷管、导火索以及其他爆破器材等物的安全管理；对爆破现场的安全距离、安全防护、安全警示等的环境的安全管理。

（2）爆破工程施工的一般要求

从事爆破工程的施工单位必须取得相应的爆破资质，方能从事爆破工程施工作业。爆破工程施工前，施工方案必须报有关部门审批。

按照《爆破安全规程》的规定，爆破作业人员应参加培训经考核取得有关部门颁发的相应类别和作业范围、级别的安全作业证，持证上岗。因此，爆破工程施工的作业人员必须按照国家有关规定经过专门的安全作业培训，并取得特种作业操作资格证书后，方可上岗作业。

爆破作业和爆破作业单位爆炸物品的购买、运输、储存、使用、加工、检验与销毁的安全技术要求及管理工作要求，应严格按照《爆破安全规程》的相关规定实施。

第三节　道路桥梁施工资料管理与验收管理

一、道路桥梁施工资料管理

（一）道路桥梁工程资料组成

1. 常用资料

（1）基建文件

基建文件是建设单位在工程建设过程中形成的文件，分为工程准备和竣工验收等文件。

①工程准备文件

工程准备文件即工程开工以前，在立项、审批、征地、勘察、设计、招投标等工程准备阶段形成的文件。

②竣工验收文件

竣工验收文件即建设工程项目竣工验收活动中形成的文件。

（2）监理资料

监理资料是监理单位在工程设计、施工等监理过程中形成的资料。

（3）施工资料

施工资料是施工单位在工程施工过程中形成的资料。

（4）竣工图

竣工图是工程竣工验收后，真实反映建设工程项目施工结果的图样。

（5）工程档案

工程档案是在工程建设活动中直接形成的具有归档保存价值的文字、图表、声像等各种形式的历史记录。

（6）立卷

立卷是按照一定的原则和方法，将有保存价值的文件分类整理成案卷，亦称组卷。

（7）归档

归档是在文件的形成单位完成其工作任务后，将形成的文件整理立卷后，按规定移交档案管理机构。

2. 工程资料分类与管理

（1）工程资料分类

工程资料是在工程建设过程中形成的各种形式的信息记录，包括基建文件、监理资料、施工资料和竣工图。

在道路桥梁工程建设施工过程中，其产生的资料大致可分为基建文件、监理资料和施工资料三大类。工程资料应按照收集、整理单位和资料类别的不同进行分类。施工资料分类应根据工程类别和专业系统进行划分。施工过程中工程资料的分类、整理和保存应执行国家及行业现行法律、法规、规范、标准及地方有关规定。

（2）监理资料管理

监理工程师应按照合同约定审核勘察、设计文件，监理工程师应对施工单位报送的施工资料进行审查，使施工资料完整、准确，合格后予以签字确认。

（3）施工资料管理

施工资料应实行报验、报审管理，施工过程中形成的资料应按报验、报审程序，通过相关施工单位审核后，方可报建设（监理）单位。施工资料的报验、报审应有时限性要求。工程相关各单位宜在合同中约定报验、报审资料的申报时间及审批时间，并约定应承担的责任。当无约定时，施工资料的申报、审批不得影响正常施工。工程实行总承包的，应在与分包单位签订施工合同中明确施工资料的移交套数、移交时间、质量要求及验收标准等。分包工程完工后，应将有关施工资料按约定移交。

（二）道路桥梁工程资料员工作职责

1. 资料员任职资格

道路桥梁工程资料员必须具备一定的知识，否则将很难胜任。根据道路桥梁工程实践，项目资料员必须具有道路桥梁工程相关专业中等以上文化程度，具有一定的文书处理能力。资料员必须具有工程识图及结构构造的相关知识，了解现场施工程序及各种关键数据。资料员必须了解施工企业的承包方式、合同签订、施工预算、现场经济活动分析管理的基本知识，应了解与工程项目设计、施工验收和安全生产有关的法律法规及规范。除应具有一定的计算机应用能力外，还应了解国家和项目所在地各级政府有关档案管理的规定。

2. 资料员岗位职责

资料员应及时收集、分析市场信息，加强对工程资料的现代化管理。及时收集、整理工程施工各类图纸以及补充资料，做好工程资料收发、运转、管理等工作，做到文件资料管理规范完整。掌握施工技术质量资料的归档要求；积极参与施工生产管理，做好资料的管理和监控、工程图纸的收发和审核，对工程资料和工程图纸等进行独立组合案卷与归档。处理好各项公共关系，包括与业主、项目经理、技术主管、上级主管部门以及其他相关部门的关系，同时还要处理好与档案管理部门的关系。

3. 资料员具体工作

（1）工程资料的收集

资料员收集工程资料必须及时，保持与实际施工进度同步，并将工程建设资料管理纳入项目管理的程序中。资料员应参加生产协调会、项目管理人员工作会议等，及时掌握施工管理信息，便于对资料的管理和监控，资料员对收集到的资料应认真审核，不符合规定的，应返回施工单位予以修改或重做。对分包单位必须提供的施工技术资料、从项目经理、技术主管到资料员应严格把关，所提供的资料不符合要求的，不予结算工程款（包括对供货单位）。资料员对收集到的资料应及时整理、立卷与归档。

（2）工程资料分类与保管

为保证工程资料管理的规范化、制度化和科学化，资料员应根据以下标准对资料进行分类：按工程资料的归档对象进行划分，如归业主的资料，应划归企业档案；按工程资料的内容进行划分；按工程同类资料产生时间的先后顺序划分。

工程资料的存放和保管方法根据本单位的实际情况确定，且必须符合档案管理的相关规定。工程档案库应按本单位档案管理规定和要求建立，并报请本地档案管理机构组织档案管理验收。工程档案库必须安全、清洁，并做到“六防”，即防火、防盗、防虫、防霉、防尘和防光。工程资料应按相关规定移交、归档，项目通过竣工验收后，一个月内交企业档案室；按有关规定和时限移交城建档案馆；按合同规定的时限提交业主，借阅工程资料时，必须履行相关手续，且不得损坏或遗失。工程资料的收回、销毁，按本单位和本地档案管理的有关规定执行。

（3）工程资料的登记

工程资料的登记包括：第一，工程资料收发登记，无论是收回文件，还是发放文件，资料员应对这些文件进行逐件登记并备案，便于管理。第二，工程资料借阅登记，工程资料整理归档完毕后，由于工作的需要，单位领导或工作人员经常需阅读相关文件资料，资料员应建立资料登记制度，详细列出查阅文件的时间、借阅人、借阅目的及归还日期。第三，工程资料传阅登记，在文件处理过程中，如文件份数少而需要多人阅读，则需要传阅文件，因此建立文件传阅登记制度。

（4）工程资料的复印

工程资料一般不得复印，但下列文件除外：非密级文件、投标标书、票据、凭证、少量一次性非常规表格等，此外，也包含那些必须复印，又具有应急性、单件性或少量性特点的其他资料。工程资料的复印由资料员统一管理，凡是受控文件不得擅自复印，必须复印的文件在进行复印前应经主管领导批准。需要复印的文件材料，有关部门应预先考虑其使用前景，适当增加自存数，避免临时突击复印。如单位另有复印部门，则工程资料复印前必须先填写复印申请单，由部门负责人签字确认，复印主管部门应同时作好记录。未经签证的文件，复印部门可以拒印。如需转发复印上一级单位文件，必须按有关规定办理相关手续，否则不得复印。密级文件复印须经本单位主管领导批准。复印的文件如无批准证明，资料员可不予复印。

（5）单位印章的管理

印章是本单位对内对外使用权利的凭证。使用本单位印章必须严格执行上级的有关规定和印鉴管理规定。使用本单位印章必须登记齐全、完整，必须详细登记用印时间、单位、用印人、批准人以及用印内容等事项。印章都要有专人保管，印章使用必须符合用印范围，除正常的业务报表外，凡需使用党政印章者，必须经党政领导批准，未经党政领导批准的，印鉴管理部有权拒绝用印。

二、道路桥梁施工验收管理

（一）道路桥梁工程交工管理

项目交工验收是工程建设中比较重要的环节，重点检查施工合同的执行情况，评价工程质量，对各参建单位进行初步评价。

1. 工程交工类型

在道路桥梁工程建设中，根据交工工程的情况，大致可分为以下两类。

（1）合同工程交工

合同范围内的全部工程已基本完成，监理工程师收到承包人的交工申请报告，并经过对工程的全面检查，认为符合合同文件要求时，应及时向承包人签发全部工程的交工证书。若不符合合同文件要求，监理工程师应书面提出承包人尚应完成的工作。

（2）部分工程交工

监理工程师按照上述的原则，就下列情况可以向承包人签发部分工程的交工证书：工程的任何主要部分已完成，能够独立交付使用；合同中规定有不同交工工期的任何部分工程；已由业主占用或使用的任何工程。

2. 交工验收的主要工作内容

交工验收的主要工作内容包括：检查合同执行情况；检查施工检验报告、施工总结报告及施工资料；检查监理单位独立抽检资料、监理工作报告及质量评定资料；检查工程实体，审查有关资料，包括主要产品质量的抽（检）测报告；核查工程完工数量是否与批准的设计文件相符，是否与工程计量数量一致；对合同是否全面执行、工程质量是否合格做出结论，按交通主管部门规定的格式签署合同段交工验收证书；按交通主管部门规定的办法对设计单位、监理单位、施工单位的工作进行初步评价。

3. 道路桥梁工程交工验收应具备的条件

道路桥梁工程交工验收应具备的条件包括：工程已按施工合同和设计文件要求建成，具有独立使用价值；按相关要求编制完成竣工文件；设计、施工、监理等单位已准备好总结报告材料；质量监督部门已完成工程质量检测、检验并编写完成工程质量鉴定书。

4. 道路桥梁工程交工验收程序

施工单位在全面完成承包的工程并经监理工程师同意后，应向建设单位提出申请，建设单位核实其是否具备交工验收条件，及时组织验收。

交工验收组应认真听取和审议以下报告：建设单位关于工程项目执行情况的报告；设计单位关于工程设计情况的报告；施工单位关于工程施工情况的报告；监理单位工程监理（含变更设计）情况的报告。

交工验收组在听取报告、审查资料和实地察看的基础上，对质量监督部门提出的工程质量鉴定意见和评分进行审议和确认。

通过交工验收的工程必须写出交工验收报告，由建设单位按隶属关系报请上级交通主管部门或竣工验收主持单位核定。

对交工验收合格的工程，应安排养护管理。对于交工验收不合格或有缺陷的工程及未完工程，应由原承包单位限期修复、补救、完成，其费用自理。

（二）道路桥梁工程竣工管理

1. 竣工验收的内容

竣工验收的内容包括：成立竣工验收委员会；听取项目法人、设计单位、施工单位、监理单位的工作报告；听取质量监督机构的工作报告及工程质量鉴定报告；检查工程实体质量、审查有关资料；按交通运输部门规定的办法对工程质量进行评分，并确定工程质量等级；按交通运输部门规定的办法对参建单位进行综合评价；对建设项目进行综合评价；形成并通过竣工验收鉴定书。

2. 道路桥梁工程竣工验收应具备的条件

道路桥梁工程竣工验收应具备的条件包括：通车试运营 2 年以上；交工验收提出的工程质量缺陷等遗留问题已全部处理完毕，并经项目法人验收合格；工程决算编制完成，竣工决算已经审计，并经交通运输主管部门或其授权单位认定；竣工文件已完成“道路桥梁工程项目文件归档范围”的全部内容；档案、环保等单项验收合格，土地使用手续已办理；各参建单位完成工作总结报告；质量监督机构对工程质量检测鉴定合格，并形成工程质量鉴定报告。

3. 竣工验收程序

竣工验收主持单位收到建设单位申请验收报告后，应及时核查交工验收的工程及竣工文件，符合竣工验收条件的应及时组织验收。

竣工验收委员会由验收主持单位，建设单位，交工验收组代表，接管养护、质量监督、造价管理、有关银行、土地管理、环境保护等单位的代表组成。大中型项目和技术复杂的工程，应邀请有关专家参加验收工作。国防公路应邀请军队代表参加。

竣工验收委员会为全面掌握工程建设情况，应认真听取和审议如下报告：建设单位关于工程项目执行情况的报告；设计单位关于工程设计情况的报告；施工单位关于工程施工情况的报告；监理单位关于工程监理情况（含变更设计）工作的报告；质量监督部门关于工程质量监督工作的报告；交工验收组（代表）关于工程交工验收情况的报告。

第五章　道路桥梁养护管理

第一节　道路桥梁养护管理理论

一、道路桥梁养护管理工程建构

（一）道路桥梁养护管理工程概述

道路桥梁养护管理工程是从管理层面研究道路桥梁养护问题的学科。追根溯源，道路桥梁养护管理工程是道路桥梁工程、管理工程与养护工程三大学科相互渗透并在其边缘之上发展起来的学科。道路桥梁工程的学科背景对其提出了定量分析的要求，如数学计算或工程建构结构分析等；管理工程的学科背景对其提出了定性分析的要求，如逻辑推理或辩证思维等；养护工程的学科背景对其提出了定性、定量分析相结合的要求，特别对养护经验的积累与沉淀作出了要求。

道路桥梁养护分为维护、小修、中修和大修。目前全国各地对养护范围的划分也不尽一致，维护一般指保护性措施，如道路桥梁的保洁、疏通排水、勾堵缝隙、小量喷涂、零星补修、伸缩缝修理、护坡整修等，中修和大修的界限更难划分，故通常将中修和大修放在一起统称为大中修。

（二）道路桥梁养护管理工程的研究

1. 道路桥梁养护管理理念

道路桥梁工程结构安全性与可靠性及其所涉及的技术、管理、投资的立法问题，都已成为当前世界关注的焦点，既是发展中国家面临的技术课题，也是发达国家正在探讨和亟待解决的问题。

（1）“桥路共养，桥梁优先”的管养理念

随着社会经济的发展和技术的进步，部分老旧道路桥梁如何适应当前车辆荷载要求等方面的问题日显突出。社会需要道路桥梁承载更大的交通量和承载量，道路桥梁的健康与安全维系着公路的安全与畅通。道路桥梁运营时，由于频繁承载，甚至超载，再加上自然灾害的侵袭以及交通事故等人为事端的侵袭，会造成损伤和局部破坏。随着使用年限的增长，道路桥梁的损伤种类和损伤部位越来越多，其损坏程度也会越来越严重。如果因设计和施工原因导致一段道路桥梁“先天不足”加上“后天失养”，则运营中无疑是雪上加霜，问题丛生，病害会加剧，将难以维持正常的使用状态。对运营的道路桥梁进行科学的、经常性的养护维修与管理，显得越来越重要。“桥路共养”是历史的必然，也是社会发展的需要。只有认真地、不间断地进行道路桥梁维修，才能保持道路桥梁的每个组成部分均处于健康状态，确保道路桥梁抵抗自然灾害的能力，在保证安全运营的同时，最大限度地实现和延长道路桥梁的设计使用寿命。

（2）“预防为主，安全至上”的工作方针

“预防为主”体现了“凡是预则立，不预则废”的理念。高度重视道路桥梁养护管理工作，坚持道路桥梁日常巡查、日常养护，做到365天不放松，采取科学有效的措施进行道路桥梁预防性养护，保持道路桥梁健康，延长道路桥梁寿命。“安全至上”体现了“以人为本，以车为本”的理念。道路桥梁管理单位严格执行公路桥梁养护管理的各项规章制度，及时进行道路桥梁检查、检测和评定，按照公路桥梁具体状况分类采取养护对策，在未实施维修改造工程前全部实行24h监控制度，认真组织实施养护维修、加固、改造工程，确保道路桥梁的安全运营。

（3）“道路桥梁养护工程师”制度

道路桥梁养护专业性强、技术含量高，道路桥梁养护工程师作为道路桥梁养护措施的制定和实施者，是保障道路桥梁养护质量的关键。按照监管单位和道路桥梁管养单位对道路桥梁养护工程师的职责、基本任职条件、定期培训考核等内容分别进行了规定，道路桥梁管养单位的养护工程师应具有3年以上从事道路桥梁养护管理工作经历，具有工程师或以上技术职称；道路桥梁养护管理监管单位的道路桥梁养护工程师应具有5年以上从事道路桥梁养护管理的工作经历，具有高级工程师或以上技术职称。应定期对持证道路桥梁养护工程师进行技术培训，培训合格后核发上岗证。道路桥梁养护管理技术人员经培训并参加考核合格后，才可持证上岗。

（4）道路桥梁养护工程“四制管理”模式

道路桥梁小修保养、中修工程由管养单位组织实施，大修、改建工程由地市级及以上公路局组织实施。道路桥梁大修、改建工程应实行项目业主责任制、招投标制、工程监理制和合同管理制的“四制管理”模式，通过招投标择优选择具备相应资质和能力的施工和监理单位。情况特殊不进行招投标的项目，应对被委托人的资质、业绩和信誉等有关情况进行审查。市级公路局制定和完善道路桥梁养护工程市场管理的规章制度，并对从业单位及人员实行信用管理，加强道路桥梁检测、设计、施工、监理等的市场管理工作，逐步构建统一公开、竞争有序的道路桥梁养护工程市场。道路桥梁大修、中修、改建工程完工后，应按照相关规定进行验收。工程实施后的道路桥梁技术状况必须恢复至一类或二类。

2. 道路桥梁养护资源管理

（1）道路桥梁养护人力管理对策

人力资源包括智力和体力两种，人力资源管理要和道路桥梁养护企业的战略目标一致，对养护岗位进行分析，使用各类人才，不断通过培训教育提高其工作能力，以绩效等作为激励手段。

（2）道路桥梁养护设备管理对策

设备管理要从设备的选购、使用、维修上实行全过程的管理，包括技术管理和资金管理两个方面，技术管理上做好设备的选购、验收、调试、使用、修理、改造、更新等；资金管理主要指设备的投资、维修费用管理，设备管理能够保证设备的正常运行，促进技术改革，充分发挥设备的作用。

（3）道路桥梁养护材料管理对策

材料管理是道路桥梁养护管理中的主要部分，能够促进节约，有效的防止材料的积压，加速流通，降低工程成本，提高资金的利用效率。材料管理要从采购上、库存管理上以及使用上分步做好控制，制定相应的管理对策，另外道路桥梁养护还包括资金管理、时间管理以及信息管理等。

3. 道路桥梁养护质量控制与安全控制

（1）道路桥梁养护质量控制

①做好对道路桥梁施工技术的准备

道路桥梁养护工作要想取得良好的效果，需要做好道路桥梁养护技术的前期准备工作。养护企业在工程建设的前期阶段需要仔细审核工程建设的相关文件，全面了解养护周边的整体环境，做对养护成本的预估算，将工程养护成本控制在一定的范围内，制定科学合理的养护方案。与此同时，作为道路桥梁设计者，在前期阶段需要检查自身的设计图稿，确保图稿在实际养护中的可实施性。此外，养护人员在养护过程中需要严格按照设计图稿的要求来进行工程建设。如果在建设的过程中发现工程存在质量问题，需要报告给相关管理部门，从根本上提升道路桥梁的工程质量，避免在养护的过程中出现人员伤亡，保证养护人员的安全。例如，在某一桥梁工程施工管理时，为了能够提升管理工作的有效性和针对性，要能分析图纸，包括纵面和横断面两种，在分析横断面时，要能够兼顾考虑钢箱梁。

②采用先进的道路桥梁养护技术

在我国现阶段，科学技术随着经济的不断发展得到了很大程度的提升，在道路桥梁养护过程中不断引进先进的技术，对提高道路桥梁工程的养护质量产生了很大帮助。作为道路桥梁工程养护工作的承建企业，养护单位在施工中采用新技术的同时需要保证工程施工的科学性。针对不成熟的技术，需要进行反复试验，确保工程养护质量能够达到国家相关标准，保证在使用过程中不出现质量问题。此外，养护工作人员在工程养护过程中遇到新问题，需要保持冷静，采取科学的态度合理解决养护工作中存在的问题。通过利用先进的道路桥梁养护技术，显著提升道路桥梁工程的养护质量，进而保证道路桥梁工程在后期使用时不出现质量问题。

③加强对道路桥梁养护技术安全方面的管理

安全性是道路桥梁养护过程中需要注意的重点问题，安全性直接影响道路桥梁能否正常养护，同时对工程质量也有重要影响。因此，工程承建企业需要在养护过程中加强对道路桥梁养护技术安全方面的管理，加强对养护人员的安全宣传教育，提高养护人员的安全意识，确保工程养护能够规范化进行。此外，加强提升养护人员的综合素质。在养护过程中真正实现安全性与质量并存的局面，从而推动我国道路桥梁工程养护向更高的水平方向发展。

④做好对道路桥梁质量的监督和检查

作为道路桥梁工程养护工作的承建企业，在工程养护过程中需要加强对道路桥梁质量的监督和检查，从根本上提升养护技术管理的力度，不断提高养护人员在工程建设过程中的积极性。做好道路桥梁质量工作能够有效提升道路桥梁建设的总体质量，从而保障道路桥梁的交通安全，促进我国居民生活质量的提升。例如，在监督检查时，要能够从锚固筋、边梁、中梁、承压支座等不同的结构点入手，通过分析和判断来了解桥梁施工过程中存在的问题，并选择相应的解决方案，改进道路桥梁的施工质量。

（2）道路桥梁养护安全控制与改进

安全管理是指在生产过程及其相关活动中，防止意外伤害及财产损失的管理活动。它利用计划、组织、控制等管理职能，运用人力、物力、财力等管理资源，消除来自外界以及人为的不安全因素。其根本目的是防止伤亡事故的发生。

道路桥梁养护的特殊性为安全管理带来了困难，主要反映为以下几点。道路桥梁养护为露天作业，易受到阳光、风、雪、雨、雷电等自然条件的影响及伤害；道路桥梁养护为混合作业，参与工种多、涉及技术杂，稍有不慎就可能会造成交叉伤害；道路桥梁养护为流动作业，战线长、地点不定，容易发生疏忽且养护安全条件参差不齐；道路桥梁养护高空作业频繁，作业面下方多为深沟、大河而非安全网（与建筑行业相比）；道路桥梁养护机械化水平较低，多依赖于人工作业，而人的行为通常是导致事故的主因。道路桥梁养护是为了保障道路桥梁安全，但其本身接触到的大多为三、四类道路桥梁甚至是更危险的道路桥梁。

道路桥梁养护安全管理的要点：以人为本，与生命相比任何经济损失都是微不足道的，首先应保护人员免遭伤害；预防为主，道路桥梁养护安全管理应将“防”作为核心，与其亡羊补牢，不如未雨绸缪；动态管理，与道路桥梁养护动态管理相一致，应进行全天候、全方位、全过程的安全管理。

针对上述特性及要点，下面将从道路桥梁养护事故的分析入手，对安全控制与改进提出相应对策。

道路桥梁养护事故是指道路桥梁养护过程中发生的人员伤亡、机物损毁、环境破坏等意外事件。从以人为本的原则出发，将它们分为一般事故（机物损毁或环境破坏但人身没有受到伤害的事故）与伤亡事故（人身受到伤害或有人员死亡的事故）。道路桥梁养护事故具有偶然性（道路桥梁养护事故是随机事件，发生时间、地点及程度很难预测，应高度警惕）、必然性（“偶然中通常蕴含着必然”，道路桥梁养护事故并非完全没有规律，应仔细分析）与预防性（道路桥梁养护事故很难预测，但并非不能预防，应通过事前努力将其降至最低）的特点。在道路桥梁养护事故成因上主要有人的不安全行为、物的不安全状态、环境的不安全影响与管理问题。

①道路桥梁养护安全控制

道路桥梁养护安全控制是指在道路桥梁养护过程中，为了保护养护者及用路者人身免遭伤害，机物免遭损毁，环境免遭破坏而采取的技术与活动。

针对人、物、环境等道路桥梁养护事故因素，通过控制管理，做出相应对策。

针对人的有以下几点。a. 基层养护工作者要进行安全技术培训，使这些距离危险最近的人员学会保护自己；b. 养护设备操作者需要进行岗前培训，使其懂构造、懂性能、会使用、会排障、会保养；c. 养护喷涂操作者必须穿戴好口罩、手套等防护用具，身体不适应立即停工，禁止明火；d. 养护高空作业者必须佩戴安全帽、安全带，工具抓牢放好，即便是螺丝钉也禁止乱丢；e. 养护现场用路者，在驾驶员培训中加入养护教育环节，使他们理解并配合道路桥梁养护工作。

针对物的有以下几点。a. 道路桥梁养护重要设备。严禁无证人员操作道路桥梁养护重要设备，必须专人专机定岗定员；b. 荷载试验加载车辆。将加载车辆编号，并严格按照加载说明停放、启动、加速、通过；c. 道路桥梁养护喷涂设备。必须在喷涂前检查喷涂软管有无破损情况，有破损时应立即更换；d. 道路桥梁养护材料应合理堆放，危险品用多少领多少，严禁随意摆放；e. 道路桥梁养护设备用电。临时用电线路延桥布设整齐，电焊机等电动工具应注意接地、防潮；f. 道路桥梁养护设备老化。需加强道路桥梁养护设备的维修保护工作，对老化程度太大的设备应果断更新；g. 道路桥梁养护攀悬设施。脚手架需坚固、稳定、防滑，扶梯需结实、稳定，软梯需耐磨；h. 道路桥梁养护安保设施，严禁购买未经质量部门检验的安全帽、安全带，应注意正确使用；i. 道路桥梁养护警示灯具。道路桥梁养护车必须亮起橙黄色警示灯具，夜晚作业须亮起警示灯箱；j. 桥梁养护警示服装，普通养护作业需穿橘红色衣帽，夜晚养护作业需穿反光作业服等。

针对环境的措施。a. 黑暗的光线环境。夜晚一般不安排养护任务，若确需安排如温度量测，应做好照明供应；b. 道路桥梁养护作业场地。必须在道路桥梁养护作业前检查作业场地，熟悉现场并排除安全隐患；c. 小规模道路桥梁养护现场。按规定设置临时标志及隔离设施，安排专人巡查以落实安全措施；d. 大规模道路桥梁养护现场。联系路政部门、交警部门予以配合，协助进行现场交通安全管理；e. 道路桥梁养护事故现场。发生事故后一切工作为抢救伤员让路，应沉着有序以防事态扩大等。

②道路桥梁养护安全改进对策

同质量改进一样，道路桥梁养护安全改进的目标也是要超越现状，即针对道路桥梁养护中存在的安全问题，采取措施，寻求突破，下文将从 SC 小组及 PDCA 两个角度做出对策。

SC 是英文 Safety Control 的缩写。本对策沿用了 QC（Quality Contrml）小组的思想，设计了道路桥梁养护安全管理小组。小组活动程序是：选择安全改进课题、命名安全改进课题、组建道路桥梁养护安全管理小组、设定安全改进目标、分析安全事故原因、确定安全事故原因制定安全改进政策、实施安全改进政策、检查安全改进政策与总结安全改进成果。

道路桥梁养护安全管理是一项多变且需长期改进的工作。在动态改进、良性循环的思想下，将复杂的道路桥梁养护安全管理工作集成为四个阶段：P 计划、D 实施、C 检查与 A 处理。

二、道路桥梁养护集成管理

针对我国道路桥梁养护管理现状及存在的问题，提出应用相互关联的道路桥梁养护管理单元来实现道路桥梁养护的集成管理，以养护工作为管理核心，使养护的成本、质量、进度、管理、责任体系、信息管理形成一个有机的整体。

（一）道路桥梁养护集成管理概述

1. 道路桥梁养护集成管理的特性

（1）放大性

道路桥梁养护集成管理的最终目的是实现道路桥梁养护管理要素功能及优势的整合，即实现 1+1+1…+1（N个）$>N$的集成放大效应。道路桥梁养护集成管理的功能放大效应不是简单聚合或叠加的结果，而是一种非线性的功能变化及功能涌现。

（2）主动性

道路桥梁养护管理集成的实现及运行与人的主动行为密不可分。它要求管理者具有创造性的思维能力，要求养护者积极参与，进而形成优势互补，最终发挥出集成团队的能量跃变作用。如道路桥梁养护虚拟集团就是由道路桥梁养护管理高层主动创造，从不同企业主动选取桥梁养护所需优势资源，进而集合而成的动态网络联合体。

（3）多样性

传统道路桥梁养护管理中，人、机、料、金、时、息是基本管理要素。道路桥梁养护集成管理中还增加知识、技术、方法等管理对象，涉及的集成要素数量众多且复杂多变。如道路桥梁养护团队即是人的集成，又是技能的集成，还是知识的集成。又如道路桥梁养护虚拟集团既是养护企业的集成，又是养护资源的集成，还是养护知识的集成。

（4）互补性

道路桥梁养护集成管理强调集成要素的相互融合，协同互补，以弥补知识的不足，集成互补而产生整体倍增效果。

（5）泛边界性

道路桥梁养护集成管理采用了全新的思维方式，拓宽了道路桥梁养护资源优化配置的范围，其触角由道路桥梁养护机构的一个层面延伸到多个层面，由单个机构延伸到多个机构，打破了道路桥梁养护机构内（间）的界面，甚至打破了道路桥梁养护行业与其他行业的界面，实现了道路桥梁养护机构（行业）内部各要素与外部资源的优势互补，集成共享。道路桥梁养护集成管理这种“内部优势外在化，外部资源内在化”的要素整合，使得传统道路桥梁养护机构中“非此即彼”的明确组织边界变得越来越模糊，越来越难以确定，呈现出泛边界性。

2. 道路桥梁养护集成管理的原则

（1）整体性原则

系统论的基本思想是整体性、综合性，整体效应是系统论最重要的观点。“个人服从集体、少数服从多数、局部服从全局”从一定程度上说明了这个观点。道路桥梁养护集成管理也要把握这一原则，从全局出发，运用系统的观点和原理进行分析，使道路桥梁养护管理集成体系成为一个严密、合理的结构，具有最大的整体功能。该原则还应从集成的时间和空间布局两方面加以认识：从时序考虑，道路桥梁养护集成管理应将近期、中期与长远目标结合起来，统筹规划；从地域考虑，道路桥梁养护集成管理应注意到地区间经济、能力的差异，使得道路桥梁养护资源均衡分布，达到整体最优。

（2）整分合原则

整分合原则是集合与分工关系问题的升华，在道路桥梁养护管理集成体系建立初期就应对可能影响到全局的问题认真分析并周密部署，以实现整体最佳为最终目标；在强调分工重要性的同时，应看到分工并非集成管理的终结，因为道路桥梁养护分工后的各个局部在时间、空间、数量、质量等方面有所脱节；必须在道路桥梁养护纵向分工间建立起紧密的横向联系（组织保障），使各个局部协调配合，平衡发展；整体把握，重视分工，组织综合。这就是桥梁养护集成中整分合原理的要义。

（二）道路桥梁养护组织集成对策

1. 道路桥梁养护组织集成的概念与特征

道路桥梁养护组织集成是指为了有效地利用道路桥梁养护机构（行业）内外部优势资源，为了配合其他类型的道路桥梁养护集成管理活动，对道路桥梁养护组织的目标、结构、形态等进行集成。按集成对象的不同，虚拟道路桥梁养护单位、分析与设计，以期最大限度地提高组织运行效率的一种组织过程和结果。

该过程是将具有不同功能的道路桥梁养护组织要素集成为一个有机组织体的行为过程。桥梁养护集成化组织的主要特征有三点：精锐化、柔性化、泛边界化。

（1）精锐化

某些道路桥梁管养部门业务庞杂，人员超编，却未能建立起自己的专业化养护队伍，缺乏道路桥梁养护的中流砥柱。机构冗杂已成为道路桥梁养护传统职能式组织结构的一大弊病。集成组织的精益化要求在道路桥梁养护组织结构的设计中去掉多余的东西，只保留最有效、最精干的部分，从而达到先“精瘦”再“精锐”的目的。

（2）柔性化

道路桥梁养护集成组织的柔性化表现在两个方面：一方面是对桥梁病害的不确定性，面对桥梁养护技术与材料的日新月异，道路桥梁养护组织应能及时、实时地做出反应；另一方面是对多变的市场经济，道路桥梁养护组织应具有快速响应市场变化的能力，应做到“宜分则分、宜合则合”。

（3）泛边界化

道路桥梁养护管理的集成化打破了传统模式，道路桥梁养护的组织管理方法也都趋于模糊，这些促成了道路桥梁养护集成组织的泛边界化。

2. 道路桥梁养护组织集成对策——虚拟养护组织

（1）虚拟桥梁养护组织的概念

“虚拟”一词在计算机科学中指通过灵活调用外围设备等资源，弥补主设备功能的不足。在企业组织中指为了突破企业有形界限，扩大企业资源的优化配置范围，借用外力，通过集成管理，加速自身发展的一种企业组织形式。虚拟道路桥梁养护组织是指为了突破传统道路桥梁养护组织的有形界限，扩大道路桥梁养护资源的优化配置范围，以“不求引人、但求引智；不求所有、但求所用”等思想为基础，以诚信和契约为纽带，通过集成手段形成的一种泛边界网络组织模式。按集成对象的不同，虚拟道路桥梁养护组织可分为虚拟道路桥梁养护团队与虚拟道路桥梁养护集团。

（2）虚拟道路桥梁养护团队对策

道路桥梁养护行业亟需专业技术人才与管理人才，桥梁养护人员价值取向在市场经济中也发生了变化。因种种问题，养护行业通常留不住人才，有数据表明，越是经济发达的地区，人才密度越高。这种人才分布的非均衡性在道路桥梁养护中亦有所体现，导致了某些欠发达地区道路桥梁养护人才短缺而发达地区却有可能过剩。就单个道路桥梁养护组织、企业而言，也不可能包罗到所有人才或苛求员工都是全才。鉴于上述原因，以不求引人但求引智为主导思想的虚拟道路桥梁养护团队应运而生。

它依靠市场运行机制，以诚信及契约为纽带，动态集聚和利用了不同地域、不同单位、不同行业的道路桥梁养护人力资源，从不同渠道整合了关于道路桥梁养护的各种意见、经验及技术，实现了人才集成、知识共享、优势互补。

①明确团队目标

与普通团队一样，虚拟道路桥梁养护团队也是针对具体目标或任务建立的。

②人才短缺分析

分析道路桥梁养护组织缺乏什么样的人才，需要哪方面的经验、意见等。例如某些道路桥梁养护企业道路桥梁评定环节较薄弱，则可以考虑引进评定方面的经验与技术。

③获取人才信息

利用互联网、行业推荐等手段获得道路桥梁养护人才信息，建立人才库。

④建立团队联盟

联系道路桥梁养护人才，交流、谈判并签约。虚拟道路桥梁养护团队主要有5种人才来源：社会上关心道路桥梁养护事业的热心学者；高等院校中道路桥梁养护专业的教授或资深教师；科研院所的道路桥梁养护专家；道路桥梁咨询公司在养护领域的业务代表；实力雄厚的道路桥梁养护企业中暂时空闲、可以短期租用的人力资源。后四种人才来源存在着相互约束，即单位与单位的契约、单位与个人的契约，利益分配时会更复杂些。对于第一种人才来源应热情鼓励，因为道路桥梁养护事业从某种意义上说毕竟是一种社会公益事业。

3. 道路桥梁养护组织集成思想的培养

道路桥梁养护组织集成成功与否还取决于道路桥梁养护工作者的观念能否与时俱进，为了使道路桥梁养护者了解并理解组织集成的内容及意义，应着重从以下几方面进行培养。

（1）整体观念的培养

整体观念是组织集成思想的主要内容。传统道路桥梁养护组织中，小到养护段的日常保养，大到某条线路道路桥梁的全线改造任务，各部门都以其局部利益为基础来完成各自的养护任务，各部门间缺乏联系，各自为政，“只见树木，不见森林”，严重影响了道路桥梁养护事业的健康发展。组织集成需要将各部门的道路桥梁养护资源动态联合，肯定会触及某些部门或人员的利益，所以必须通过整体观念的培养，使道路桥梁养护各级工作者（特别是部门领导）树立整体观念，站在“求生存、求发展”的高度认识组织改革。

（2）沟通观念的培养

道路桥梁养护专业性很强，各个技术部门有着不同的运作方式和行为规则，机构内、机构间、行业间沟通困难、信息不畅。加强沟通、增进交流是道路桥梁养护组织集成的前提，也是道路桥梁养护组织集成的目的，只有积极培养沟通观念，才能真正打破传统的组织界限，有效整合组织要素，实现道路桥梁养护组织集成的功能放大作用。

（3）共享观念的培养

道路桥梁养护组织集成的目的之一就是通过借力整合，实现道路桥梁养护要素间的优势互补。这种互补既是桥梁养护设备、材料、资金等硬件的共享，又是道路桥梁养护知识、信息、技术等软件的共享，由此对道路桥梁养护共享观念的培养提出了要求。

（4）学习观念的培养

不论是虚拟道路桥梁养护团队还是虚拟道路桥梁养护集团，组织的集成不是一蹴而就，更非一劳永逸，而是一种循序渐进、不断进步的变革。这种变革要求组织成员不断提高自身素质，以适应多变的环境。通过树立学习观念，可以使提高业务素质成为道路桥梁养护组织成员自觉的、主动的、积极的行为，使组织永葆活力。

三、预防性养护在道路桥梁全寿命周期中的应用

随着社会经济的快速发展，我国道路桥梁建设也得到了快速发展，对人们的生活有着重要作用，但是随着道路桥梁使用时间的延长，出现了一些问题，严重地影响着道路桥梁的使用寿命，并且增加了道路桥梁的养护成本。因此，为了改善道路桥梁状况，就需要对道路桥梁进行预防性养护。预防性养护不仅能节约道路桥梁全寿命周期的养护成本，还能够减少养护的时间。因此，必须做好道路桥梁的预防性养护工作，明确其在道路桥梁全寿命周期中的重要性。

（一）道路桥梁全寿命周期中预防性养护的重要性

在道路桥梁全寿命周期中，预防性养护具有十分重要的作用。预防性养护可以从狭义上与广义上进行理解，并且站在不同的角度上进行预防性养护的分析时，能够得出一样的目的，即改善道路桥梁的状况，延长道路桥梁的使用寿命，使得道路桥梁功能能够得到正常的发挥。采用预防性养护对道路桥梁进行养护时，能够在很大程度上降低道路桥梁全寿命周期成本。路面全寿命周期成本是从路面建成投入使用到下一次路面的结构性整体大修或重建的时间段内产生的建设费用和养护费用之和。道路桥梁的预防性养护能够大大地降低各部分的成本，从而节约养护的成本。及时对道路桥梁进行预防性养护，不仅能够节约成本，还能够减少道路桥梁全寿命周期的养护工程量，确保道路桥梁能够一直处于良好的使用状态，保证道路桥梁交通的质量。在目前的道路桥梁养护中，普遍使用的是矫正性养护措施，即时对出现问题的道路桥梁进行修复、补救，但是该养护措施的养护经费与养护目标冲突较大，严重地影响了道路桥梁的养护。采用预防性养护能够有效地遏制道路桥梁病害的发展，不仅能够极大程度地延长道路桥梁的使用寿命，而且还比较经济。预防性养护在道路桥梁全寿命周期中具有技术措施先进、理论基础坚实、经济效益显著、工作程序规范以及决策体系科学等优点，对道路桥梁的养护具有重要价值与积极意义，必须加强对道路桥梁预防性养护的研究。

道路桥梁建设对我国现代化发展非常重要，完善的道路桥梁网络不仅能够促进经济的

发展，也可以拉动内需，推动交通事业进步。在道路桥梁的养护工作中需要将预防性养护作为道路桥梁全寿命周期中的重点。大量研究表明，质量合格的道路桥梁，在其全寿命周期中75%时间段内，道路桥梁的使用性能将下降40%，通常将这个阶段称为预防性养护阶段。在预防性养护中，应该对道路桥梁进行及时地养护，避免由于养护不及时导致后续12%全寿命周期阶段道路桥梁性能的下降。及时地进行预防性养护，不仅能够节约养护成本，还能够保证公路的使用性能。

在多个国家中预防性养护被广泛应用，并且取得了非常好的养护效果。在道路桥梁全寿命周期中，通过一系列预防性养护措施的应用来延长道路桥梁的使用寿命、确保道路桥梁状况良好的过程被称为预防性养护，在预防性养护过程中，不需要增加附属设施，道路桥梁系统就能够实现道路桥梁状况的改善。防患于未然就是道路桥梁全寿命周期中预防性养护的核心理念，并且将经济性最优作为养护的基础。所谓的预防性养护就是通过最小的寿命周期成本进行道路桥梁的预防养护，从而改善道路桥梁状况。

（二）道路桥梁全寿命周期中的预防性养护决策及应用

1. 道路桥梁预防性养护技术评估

在预防性养护工作中，需要做好预防性养护技术评估工作，并且将养护措施的选择作为评估工作的目的。在进行预防性养护工作时应该对养护技术措施的经济性、合理性、适用性以及可靠性进行充分地考虑、分析。首先，需要对减缓预期病害、被预防或者发生病害的养护技术措施进行明确，对养护技术进行评价。其次，对道路桥梁的环境、交通、气候以及路面状况等进行评价。最后，评估道路桥梁在养护后所花费的养护成本与预期寿命。在道路桥梁全寿命周期的预防性养护工作中，主要的预防性养护技术措施有灌缝、喷雾封层、微表处以及热沥青混合料罩面等几种。在进行道路桥梁的预防性养护时，应该结合道路桥梁的实际状况进行养护技术的选择，采用合理的预防性养护技术对道路桥梁进行养护，从而节约养护成本，延长道路桥梁的使用寿命。因此，必须加强对道路桥梁预防性养护技术评估的研究。

2. 预防性养护最优时间的选择

在道路桥梁全寿命周期的预防性养护中，占据核心地位的就是预防性养护最优时间的选择，同时对预防性养护经济性有着重要的作用。在进行公路路面的养护时，想要节约养护成本，将其降低到最低，就需要选择最优的预防性养护时间。在进行预防性养护最优时间的选择过程中，经常使用的方法就是寿命周期成本分析法，寿命周期成本分析法即寿命周期成本评价。在道路桥梁全寿命周期的预防性养护决策中为了得到全寿命周期的最低成本方案，就需要在整个周期内进行养护技术措施的应用，在不同时间段内通过对比选择出最经济的成本方案，这也是预防性养护决策分析的特殊点。预防性养护最优时间的选择对道路桥梁全寿命周期有着非常重要的影响，必须加强对最优时间选择的研究。

第二节 道路桥梁养护管理的内容

一、道路桥梁养护管理系统

（一）路面管理系统概述

路面是道路的主要工程结构物。路面的投资在整个道路建设费用中占很大比例，通常为10%~30%。路面状况的好坏将直接影响到车辆的行驶舒适性和营运费用，也直接影响到社会的经济效益。如何决策好路面投资的去向（规划项目和选择对策），如何经营管理好这笔资产（设计、施工和维护），使之充分发挥出效益，具有十分重要的经济价值和社会效益。

路面使用过程中，其使用性能会因行车荷载和环境因素的不断作用而逐渐变坏。路面使用性能的恶化，将增加车辆的运行费用，包括燃油、轮胎和保修材料的消耗以及行程时间等。因而，在路面使用期内还需继续投入大量资金维护（包括养护和改建）路面，使之保持一定的使用性能。在资金充足的情况下，可以对所有不满足使用性能最低要求的路段及时采取养护或改建措施。然而，资金通常是不充足的，这就需要考虑怎样把有限的资金分配到最需要采取措施并能取得最佳效果的路段上，使现有的路网保持合理的服务水平，因而无论是新建路面或是维护现有路面，都需要进行有效的管理。

路面管理工作，包括规划、设计、施工、养护、路况监测和评价、研究等方面。这些活动分属不同的管理层次。例如，规划活动主要关心的是网级水平上的投资决策和计划安排，而设计或施工活动则主要涉及各个工程项目的技术管理。

路面管理并不是一个凭空提出的概念。各个道路管理部门在日常工作中实际上不断地做出有关路面的各项管理决定。

每个道路管理部门都必须考虑如何向上级申请资金和决定如何使用好分配到的资金。这就需要对路网内路面的使用性能进行监测，对其现状做出评价，由此确定哪些项目需要投资，在预算允许的范围内按优先次序资助尽可能多的急需项目。需要投资的项目及其优先次序的确定，可以采用不同的标准和方法，从简单地汇总和取舍下属单位提出的项目申请清单，到应用计算机分析路网内所有候选项目的效益后提出“费用—效果”最佳对策。

项目优先次序的安排，需依据该项目的使用性能或服务水平现状。而路面的现状显然同其结构、荷载、环境和其他因素等历史状况有关，它是以前所做出的某些管理决策的结果。同样，目前所做出的管理决策也将对未来的路面状况产生影响。因此，做出管理决策时既要考虑它们的直接影响，也要预期它们对未来的影响。不仅需考虑目前的需要和所需的费用，也要考虑对将来的需要和费用所带来的后果。

在向上级管理部门申请资金时，除了以路面的现状和需要作为依据外，还应对投资的效益进行论证：如果申请得以批准，路网的服务能力或路况将会得到多大的改善；如果投资额减少，则路面的使用性能会恶化到什么程度，额外的用户费用和养护费用将增加多少，对今后的路况和投资会有什么影响。

相互关联的各部分路面管理工作分别隶属不同的管理单位，如计划处、设计院、工程处、管理局、研究所等。这些单位往往在其管辖的工作范围内各自做出相应的管理决策，而这些决策有时是相互不协调的。例如，设计单位按计划任务书规定的使用性能要求和预算水平，假设某一施工质量控制水平和设计期内的养护水平，据此设计出路面结构。但施工和养护部门可能根据本单位的情况和条件，并不严格遵循对施工质量控制和养护水平提出的管理要求。这时，所修建的路面就可能达不到设计所预期的目标。所以，管理部门应及时提供充分的信息以沟通各下属单位，并协调各单位的管理决定。

由此，路面管理是协调和控制同路面有关的各项活动，其目的是使管理部门通过这一过程能有效地使用资源（资金、劳力、机具设备、材料、能源等），以最低的资源消耗，提供并维持在预定使用期内具有足够服务水平的路面。

而路面管理系统则是通过应用系统分析的方法，综合考虑技术、经济、社会和政治等方面因素，协调各项路面管理活动，促使路面管理过程系统化。它是为管理部门的决策人提供分析的工具和方法，帮助他们考虑和分析比较各项可能的对策，定量地预估各项对策的后效，在预定的标准和约束条件的基础上，选用“费用—效果”最佳的方案。因而，路面管理系统的建立和实施，可以帮助管理部门改善所做出的决策效果，扩大决策范围，为决策效果提供反馈信息，以积累管理经验，并保证部门内各级单位决策的协调一致性。

（二）路面管理系统的组成

路面管理系统可划分为网级管理系统和项目级管理系统，分别适应不同管理层次的需要，具有不同的功能和结构。

1. 网级路面管理系统

网级路面管理系统的范围包括一个地区（省、市）的公路网或一大批工程项目。它的主要任务是为管理部门在进行关键性的行政决策时提供对策。它们包括：路况分析——路网内路面现有状况的分析和今后路面状况变化的预估分析；路网规划——确定路网内需要养护、改建和新建的项目；计划安排——这些项目应进行养护、改建和新建的时间，各项目的优先排序；预算编制——路网达到不同预定服务水平时，各年度所需的投资额；资源分配——各行政区域或不同等级道路或养护、改建和新建之间的资源分配。

为实现上述任务，网级路面管理系统主要包含管理方面的输入要素、工程方面输入要素、“费用—效果”最佳的养护和改建对策要素、分析结果输出要素等各项基本要素。其中，管理方面的输入要素包括：使用性能标准和目标——为路网内各项目规定的使用性能（行驶质量、损坏程度、结构强度和抗滑能力）最低要求，预定路网使用性能应达到的总体水平等。政策约束条件——项目优先排序的特定原则，事先规定的地区投资分配比例或养护、改建和新建投资分配比例等。预算约束条件——各年度可用于路面工程的资金等。

工程方面的输入要素包括：路面现状——通过路况监测系统定期采集到的路面使用性能数据（平整度、路况指数、弯沉、抗滑指数等）以及依据这些数据所做出的路况水平的评价。养护和改建对策——为不同类型和不同路况的路面，按当地的经验、条件和政策，制订出若干典型的养护和改建对策，供选择对策方案时参考。使用性能预估模型——建立各类路面（包括采取各种养护和改建措施后）的使用性能随时间或交通作用而变化的关系，据以分析比较各种对策方案的效果，以求得到最佳的对策。费用模型——通常包括建筑费用、养护费用和用户费用三部分。建筑费用是指新建或改建时的一次投资。养护费用则是路面在使用期间的日常维护费。用户费用是指使用道路的车辆所担负的运行费、行程时间费和延误费等。它反映了公路部门提供的投资和服务水平所产生的直接社会效益。

上述管理方面和工程方面的输入要素为系统进行分析提供了基础。建立管理系统的主要目的之一是提供最佳的路网养护和改建对策。这些对策能使整个路网在预算受约束的条件下维持最高的路况（服务）水平，或者使整个路网在满足最低使用性能标准的条件下所需的投资最少。为实现这一目标，可以采用不同的优先规划或优化方法，从最简单的排序方法到利用数学规划模型考虑时序影响的全面优化方法。

优化分析的结果可为路网提供养护和改建项目的优先排序表。据此，可以编制年度计划、中长期规划和财务计划。这些计划或规划可以按改建或养护分别编制，也可综合在一起编制。

路面管理系统必须建立在大量信息的基础上，以数据作为支撑。这样才能使系统提出的对策具有客观性和针对性。因此，整个管理须包含数据管理系统。它由两部分组成：路况监测（数据采集）系统和数据库。路况监测主要为定期采集路面使用性能参数和交通参数。这是一项很费时间和钱的工作，但又是一项必须进行的基础工作。

数据库提供了数据的储存和检索，通常包含下述四类信息：设计和施工数据——道路等级、几何参数、路面结构和厚度、所用材料及其性质试验结果、路基土性质及试验结果等。养护和改建数据——曾采取过的养护和改建措施的类型、日期和费用等。路面使用性能数据——主要包括行驶质量、路面损坏状况、结构强度和抗滑能力四方面参数的定期测定结果。其他——环境（降水、温度等）、交通（日交通量、标准轴载数）和单价等。

2. 项目级路面管理系统

项目级路面管理系统仅针对一个工程项目。它的主要任务是为管理部门对某一工程进行技术决策时提供对策，以选择“费用—效果”最佳的方案。

项目级管理系统的基本要素及其同网级管理系统的关系。由网级管理系统的输出，可以得到某一计划工程项目的三方面目标：行动目标（采取哪一类养护、改建或新建措施）、费用目标（可分配到的最高投资额）和使用性能目标（在预定期限内应具有的使用性能指标）。这三方面目标便是选择项目方案的约束条件。

项目级管理系统依据网级系统所给定的约束条件，把该计划项目有关的设计、施工、养护和改建活动组织协调在一起进行周详的考虑。

通常新建或改建路面的设计都是按预定的服务年限（设计年限）提出结构断面方案，而并不分析寿命周期的经济性，也不考虑初期修建同养护和改建（铺加铺层）的相互影响。项目级管理系统可以对考虑设计、施工、养护和改建的各个方案的费用和效益进行比较，从中得出可以在分析期内以最低的总费用提供要求的服务水平或效益的最佳对策方案。

利用所采集到的路面使用性能参数及材料、交通和环境等数据，可以按预定的分析期初拟路面备选方案。这些方案经过应用路面结构分析模型作结构损坏的计算分析和路面使用性能预估分析，表明其在寿命周期（分析期）内成立后，即可进行寿命周期费用分析，并对各方案的分析结果做出经济评价。随后，按达到预定的可靠度水平时费用最小的目标进行优化，并按预算约束条件选择最佳方案。

二、道路桥梁养护的技术管理

道路桥梁养护技术管理是道路管理的重要组成部分，它是道路管理部门合理组织设计、施工、养护的主要方法，也是为了不断提高养护、管理道路的技术水平，积极采用先进的新技术、新工艺、新材料、新设备，努力提高道路养护工程的质量和劳动生产率，全面降低原材料消耗和生产成本，确保各级道路养护工程任务高速、安全、低耗地完成。

道路桥梁养护技术管理和基本任务就是要严格贯彻国家有关道路建设的技术政策、标准、规范、办法和相应的安全规章、操作规程、管理条例，以提高养护质量，做到安全生产。

（一）道路桥梁养护指导方针和技术政策

道路桥梁养护工作应贯彻“预防为主，防治结合”的方针，加强预防性养护，保持公路及其沿线设施良好的技术状况。道路桥梁养护工作应切实贯彻“科技兴交，科学养路”的方针，大力推广和应用先进的养护技术、机械装备和科学的管理方法。道路桥梁养护工作应重视资源节约和环境保护，应注重养护生产作业安全及减少对通行车辆的影响。在整个公路工作中，应把现有道路桥梁的养护和技术改造作为首要任务。

道路桥梁养护工作应贯彻执行以下技术政策：第一，预防为主，防治结合。根据积累的经济技术资料，进行科学分析，预加防范，增强公路及其设施的耐久性和抗灾能力，特别要重视雨期防护，减免水毁损失。第二，重视调查研究，针对病害原因采取相应的技术措施。第三，因地制宜，就地取材，做到经济适用。第四，挖潜改造，合理利用。第五，尽量采用国内外有关科研成果，推广使用新技术、新材料、新设备、新工艺，将科学养路与经济效益相结合。第六，强化科学管理，严格土工试验，坚持“质量否决权”制度。第七，加强综合治理，保护生态平衡，防止环境污染。

除此之外，还需遵循以下相关政策：第一，积极开发、应用公路数据库和养护管理信息系统，逐步实现信息传输处理和病害处治对策科学化。第二，发展养护机械，实行大中小结合，以小型为主，尽量一机多挂，减轻劳动强度，保障工作人员健康。第三，积极研究并增设现代化交通工程设施和服务设施，及时抢险救援，提高公路服务水平。第四，建立桥梁养护工程师制度，切实纠正“养路不养桥”的倾向。第五，积极开展有针对性的应用科学研究，通过技术进步解决道路桥梁养护与管理手段方面的种种技术疑难，达到“多、快、好、省”的目的。

（二）技术管理主要内容

道路桥梁养护的技术管理工作包括：安全质量管理、技术交底、施工组织设计、作业检查、施工记录、技术档案、技术培训和推广先进技术等。

1. 安全质量管理

安全质量管理的主要内容包括执行安全质量措施计划；检查措施效果和问题；发现问题，分析原因，制定改进措施。

2. 技术交底

由路段主管工程师将各路段的养护重点、施工方法操作规程、质量要求、安全技术措施等向所属班组长和施工人员进行现场交底。

3. 施工组织

中修以上工程应对施工工序、进度、质量控制指标、现场布置等与施工方案相配合，进行施工组织设计。

4. 作业检查

对安全质量、进度、材料计量与测试、设备利用等进行检查，并与原始记录核实。

5. 施工记录

施工记录的主要内容包括：各种原材料、半成品、成品检验、试验记录和合格凭证；各种外露和隐蔽工程检验记录；施工测量图表记录和工程日记；推行新工艺、先进技术和采用新材料的记录以及取得的技术成果总结；对安全、质量事故的检查处理记录和照片。

6. 技术档案

科技档案与技术档案管理是养护部门生产管理的重要环节，加强公路科技档案的管理，必须遵照集中、统一管理的原则，建立、健全科技档案，使之达到完整、准确、系统的科技文件材料归档。

档案管理工作是经济建设和技术管理工作的重要部分。技术档案是一种巨大的信息、资源，充分开发和利用科技档案资源，对为领导决策及时提供依据，为道路桥梁的建养管理提供优质服务，为提高经济、社会效益和及时解决纠纷提供凭证都具有重要意义。因此，加强道路桥梁技术档案管理，按照集中统一管理技术档案的基本准则，按档案管理的具体要求，建立、健全技术档案，是道路桥梁养护管理工作的一个重要环节。

要建立健全科技文件的形成、积累、整理、归档制度，做到每一项科研、工程等活动都有完整、准确、系统的科技文件材料归档保存。

成立技术档案室，配备专人负责管理。建立健全各项规章制度、档案室管理制度、科技档案查阅制度和技术档案归档制度。技术档案部门应将接收到的档案，按专业系统分类，编制必要的检索工具和参考资料。

重要的技术档案资料应当复制副本，分别保存，以保证技术档案在非常情况下的安全和利用借阅。复制和销毁技术档案要有一定的批准手续，防止失密。定期检查技术档案的保管状况，包括防盗、防火、防晒、防虫、防尘等设施，对破坏或变质的档案，要及时修补和复制。

为提高技术档案工作管理水平，争创“一流”，将有计划、有步骤地实现技术档案资料的计算机管理，压缩复制技术以及其他现代化保管技术的应用，逐步实现技术档案管理现代化。各单位应设专门的技术档案，有专人负责管理，建立、健全相应的各项档案管理规章制度。

参考文献

[1] 方诗圣，李海涛. 道路桥梁工程施工技术 [M]. 2 版. 武汉：武汉大学出版社，2018.

[2] 颜景波. 道路施工技术研究 [M]. 天津：天津科学技术出版社，2018.

[3] 潘高仑. 道路桥梁与隧道施工 [M]. 南昌：江西科学技术出版社，2018.

[4] 张吕伟，程生平，周琳. 市政道路桥梁工程 BIM 技术 [M]. 北京：中国建筑工业出版社，2018.

[5] 陈永兴. 道路桥梁施工技术与管理研究 [M]. 北京：中国建材工业出版社，2018.

[6] 许金良. 道路勘测设计 [M]. 5 版. 北京：人民交通出版社，2018.

[7] 于锦超. 桥梁工程施工 [M]. 北京：中国建筑工业出版社，2018.

[8] 赵梓伶，尚伟红，潘靖. 道路建筑材料 [M]. 广州：华南理工大学出版社，2018.

[9] 王博，申凯凯. 道路工程施工 [M]. 天津：天津科学技术出版社，2018.

[10] 徐会忠，田章华，王云江. 城市道路养护与维修 [M]. 北京：中国建筑工业出版社，2018.

[11] 崔艳梅. 道路桥梁工程概预算 [M]. 2 版. 重庆：重庆大学出版社，2019.

[12] 麻文燕，肖念婷，陈永峰. 桥梁工程 [M]. 天津：天津科学技术出版社，2019.

[13] 申建，慕平. 桥梁工程技术 [M]. 北京：北京理工大学出版社，2019.

[14] 丁雪英，陈强，白炳发. 公路桥梁建设与工程项目管理 [M]. 长春：吉林科学技术出版社，2019.

[15] 潘永祥. 公路桥梁与改扩建新技术 [M]. 昆明：云南大学出版社，2019.

[16] 于洪江. 道路桥梁检测技术 [M]. 郑州：黄河水利出版社，2019.

[17] 张忠. 道路与桥梁工程施工技术 [M]. 北京：中国建材工业出版社，2019.

[18] 彭彦彬，张银峰. 道路桥梁工程概论 [M]. 2 版. 郑州：黄河水利出版社，2019.

[19] 李冬松. 桥梁工程技术 [M]. 北京：人民交通出版社，2019.

[20] 刘俊广. 公路与桥梁项目施工 [M]. 天津科学技术出版社，2019.

[21] 王国福，赵永刚，武晋峰. 道路与桥梁工程 [M]. 长春：吉林科学技术出版社，2020.

[22] 王修山. 道路与桥梁工程概论 [M]. 北京：机械工业出版社，2020.

［23］马国峰，刘玉娟．桥梁上部结构施工技术［M］．北京：北京理工大学出版社，2020．
［24］吴留星．公路桥梁与维修养护［M］．北京：中国纺织出版社，2020．
［25］张俊红．道路建筑材料［M］．重庆：重庆大学出版社，2020．
［26］刘勇，郑鹏，王庆．水利工程与公路桥梁施工管理［M］．长春：吉林科学技术出版社，2020．
［27］贾晓东，彭义雯．BIM 建筑与桥梁建模技术［M］．成都：西南交通大学出版社，2020．
［28］潘中望，牛利珍．市政道路工程施工与养护［M］．上海：上海交通大学出版社，2020．
［29］杨寿君，刘建强，张建新．城市道路桥梁建设与工程项目管理［M］．长春：吉林科学技术出版社，2021．
［30］王成军，程雷．道路桥梁设计与施工技术研究［M］．天津：天津科学技术出版社，2021．